明治維新

隠された真実

安藤優一郎
Ando Yuichiro

日本経済新聞出版社

明治維新　隠された真実　目次

4　薩摩藩の藩内抗争と長州藩の内戦――維新三傑の苦悩

5 薩長両藩による再びのクーデター——廃藩置県の真実

プロローグ――連立政権の限界

既に内閣制度が導入されて憲法も公布され、ついに国会が開設された明治二十三年（一八九〇）のことである。

初代内閣総理大臣を務めた伊藤博文のもとで憲法作成に携わったことで知られる金子堅太郎が、宮内省に国史編纂局を設置する旨の建白書を時の総理大臣山県有朋と宮内大臣土方久元に提出した。宮内省では歴史を編纂する前に明治維新に関する史料を収集すると決め、予算案を編成した。

ところが、当時、宮内省経済委員会主席を務めていた伊藤に予算案について交渉したところ、ストップがかかる。編纂局設置は時期尚早というのだ。伊藤と山県は長州藩、土方は土佐藩、金子は福岡藩の出身である。

当事者の金子は、伊藤からその理由を次のように聞かされている。

先づ維新史を書くとすれば元治元年の蛤御門の戦ひは何う書くか。あの時は、長州は禁闕を犯すと云って朝敵となり薩州と会津が聯合して長州を討つたではないか。其の為に毛利公父子は御咎めを被り、三家老は割腹を命ぜられて、広島に居つた長州征伐の総督が首実検までした。だから長州は薩賊会奸と云つて恨みは骨髄に徹して居る。其事を書いたら何うなるか。薩長の聯合は直ちに潰れるではないか。而うして本年の十一月は何うか。第一議会を開いて此の憲法政治の実施を図らなければならない第一の踏出しである。それに薩長が二十三年聯合してやつと明治政府の基礎を固めて、是から憲法政治にならうと云ふ時に蛤御門の事を書いた日には、また再び薩長の聯合関係が敗れる。

元治元年（一八六四）に京都で勃発した蛤御門の変（禁門の変）で薩摩藩や会津藩に敗北したことにより、長州藩は御所に発砲した廉《かど》で朝敵に転落した。藩主父子は官位を召し上げられ、禁門の変の責任者として三人の家老が切腹に追い込まれる。長州藩としては薩摩・会津藩への恨みが骨髄に徹する結果となったが、維新史を書くとなればこの事実に触れざるを得ない。

そんな過去の怨念を乗り越えて両藩は連合し、明治政府の基礎を固めてきた。国会が開設され、ようやく憲法を基礎とした政治（立憲政治）がはじまる段となったのに、禁門の変について触れてしまうと、両藩の連合は崩れてしまう。

両藩出身者が協力して政権を支える今の政治的な枠組みにヒビが入りかねないというわけだ。過去の怨念が蒸し返されて両藩の関係に亀裂が入るのを恐れた伊藤は、今は維新史の編纂を行う時期ではないとして国史編纂局の設置に反対したのである。

幕末史とは、薩摩・長州両藩の抗争の歴史でもあった。伊藤に言わせれば、維新史を明らかにするための史料の収集は「薩長衝突」の史料収集にもなる。両藩が衝突する幕末の歴史をリアルタイムで経験してきた、かつての長州藩士伊藤俊輔ならではの言葉だ。その鋭い政治感覚が滲み出ているエピソードと言えよう（大久保利謙・小西四郎『「維新史」と維新史料編纂会』吉川弘文館）。

いみじくも伊藤が指摘したとおり、両藩には政局の主導権をめぐり激しく争った歴史があったが、それは幕末で終わったのではない。明治に入っても続いていた。

藩閥政治という言葉に象徴されるように、明治政府は薩摩・長州藩が牛耳っていたというイメージが今なお強いが、明治初頭は必ずしもそうではない。その権力基盤は脆弱だった。

そもそも、廃藩置県までは諸藩による連立政権の状態から脱していなかった。薩長両藩としては、他の有力諸藩の助力なくして政権の円滑な運営は困難であった。

「薩長同盟」以来、一枚岩であるはずの両藩の関係も決して良好ではない。政府入りした藩士たちが主導権争いを激しく繰り広げたからだ。薩長衝突が再びはじまる。一方、藩に残った藩士たちの対立という共通の悩みも抱えていた。

一方、両藩の後塵を拝し続けてきた有力諸藩は、政局の主導権を奪い取る機会を虎視眈々と窺う。薩長両藩の内輪もめは、まさに好機到来であった。

幕府や諸藩が入り乱れる形で権力闘争が展開された幕末以来の構図が、明治に入っても生きていたのである。薩長両藩は徳川家を政権の座から引きずり降ろして自ら政権の座に就いたものの、攻守所を転じて、攻める立場から守りに入る立場となる。

このままでは、かつての徳川家のように、いつ政権の座から引きずり降ろされるか分からない。これが廃藩置県前夜の政治情勢だった。

本書は、明治政府誕生から廃藩置県断行までの約三年半の間、薩摩・長州両藩が様々な問題を抱えて迷走を続けた結果、再びの政権交代の危機に直面した明治維新の真相を解き明かすものである。

各章の内容は、以下のとおりである。

第1章「明治政府、迷走のはじまり――東京「遷都」」では、薩長両藩が王政復古のクーデターにより誕生させた連立政権の維持に悪戦苦闘する舞台裏に迫る。東京遷都をめぐっては、味方だったはずの公家たちの猛反発にも苦しめられた。

第2章「戊辰戦争の戦後処理――論功行賞の朝令暮改」では、戊辰戦争終結後も反政府運動が収まらなかった仙台藩など東北諸藩の動向を追う。会津藩降伏で奥羽越列藩同盟は解体したはずだったが、その後も東北は不穏な情勢が続いていた。

第3章「再びの薩摩藩と長州藩の抗争――台風の目となった大蔵省」では、幕末以来の薩摩・長州藩の対立が再燃した過程を明らかにする。他藩も入り乱れての政争が繰り広げられた結果、政府内は大混乱に陥った。

第4章「薩摩藩の藩内抗争と長州藩の内戦――維新三傑の苦悩」では、薩摩・長州藩を震源とする反政府運動によって、政府入りした両藩の藩士が逆に追い詰められる背景を追う。薩長両藩内は抗争が激化していた。

第5章「薩長両藩による再びのクーデター――廃藩置県の真実」では、政府最大の敵である藩を廃止することで、諸藩の連立政権の時代を終わらせた維新の三傑の政治決断に迫る。廃藩置県とは、維新を主導した藩士たちによる下剋上の完成を意味していた。その政治決断により、西郷隆盛・大久保利通・木戸孝允は維新の三傑となったのである。

廃藩置県までの複雑怪奇な政治過程を通して、藩の存在こそ明治政府にとって最大の抵抗勢力であり、廃藩なくして明治維新など成り立たなかった日本の歴史の真実に迫る。

1　明治政府、迷走のはじまり――東京「遷都」

(1)　新政府誕生

王政復古のクーデター

慶応三年（一八六七）十二月九日朝。京都で政変が起きた。薩摩・土佐・広島・尾張・福井の五藩の藩兵が御所の門を固めるなか、新政府が樹立される。いわゆる王政復古のクーデターである。

約二カ月前の十月十三日、将軍徳川慶喜は在京中の諸藩重臣を二条城大広間に集め、大政奉還の意志を伝えた。翌十四日、慶喜は大政奉還の上表を朝廷に提出し、十五日に勅許となる。二十四日には将軍職辞職の上表を提出し、一大名の地位に降りた。

開府以来二百六十年余の江戸幕府の歴史は終わりを告げたが、その代償として慶喜は政局の主導権を握る。大政奉還という政治決断により、朝廷のもとに新政府が樹立される道筋を自らつけたからである。

一方、朝廷から討幕の密勅を降下されることで、慶喜を将軍の座から引きずり降ろそうと目論んでいた薩摩藩と長州藩は肩透かしを食う。討幕の密勅、つまりは武力をもって実現しようとしたことが、はからずも敵対する慶喜により達成されてしまった。このままでは慶喜ペースで政局が進み、そのまま新政府を牛耳られる恐れも出てきた。

大政奉還後は、幕府に代わって朝廷のもとに置かれる新政府の体制作り、つまり王政復古が既定路線として進んでいた。天皇親政である。天皇をトップとする新政府で、慶喜を含めどの大名がイニシアチブを握るかに政局の焦点が移る。

巻き返しをはかる薩摩藩は、長州藩や広島藩との連合を強化する。慶喜から政局の主導権を奪い返すため、西郷隆盛や大久保利通は京都への軍事力の集中をはかる。徳川家に代わり、この三藩が新政府の中心に座ろうとしたのである。

十一月二十五日、薩摩藩主島津茂久が千人もの大兵を率いて京都に入った。これで薩摩藩の在京兵力は二千八百人に達し、兵数では藩主松平容保が京都守護職を務める会津藩とほぼ拮抗する。会津藩は、藩主松平定敬（容保の弟）が京都所司代を務める桑名藩とともに慶喜を支える存在だった。共同出兵した長州藩は千人ほど。広島藩は七百五十人。三藩合わせて在京兵力は四千～五千人の予定である。

西郷と大久保はこの軍事力を背景に、公家の岩倉具視とともに新政府の人事案を練り上げる。岩倉とともに討幕の密勅発給に関わった公家で、議奏を務める正親町三条実愛たちはこれに同意した。十二月一日のことである。議奏とは、天皇に近侍して口勅を公家に伝えるとともに、議事を奏上する役職だ。

西郷たちは、広島藩のほか慶喜に近い土佐藩や徳川一門の福井・尾張藩にも人事案を呑ませることに成功する。増強された薩摩藩の軍事力がモノをいったのだろう。薩摩など五藩が新政府でイニシアチブを取るための政変は、十二月九日に断行されることが決まった。

西郷たちが練り上げた新政府案の眼目は朝廷組織の改変だった。天皇親政とは相容れない役職である摂政・関白を廃止し、天皇のもとに太政官を設置する。この太政官が、新政府というわけである。

太政官には総裁・議定・参与の三職を置く。総裁には有栖川宮、議定には山階宮・仁和寺宮のほか、薩摩・広島・土佐・尾張・福井藩の藩主クラスと正親町三条たち三人の議奏。参与には、岩倉らと意見を同じくする公家と西郷・大久保たち藩士クラスを充てる。岩倉も参与だ。

一方、慶喜には何のポストも用意しなかった。慶喜から政局の主導権を奪い返さなければばならない以上、新政府に迎えるわけにはいかない。内大臣の職を辞すよう求め、領地も返上させるとしていた（「辞官納地」）。

松平容保・定敬兄弟には京都守護職と所司代の廃職を申し渡し、国元への帰国を命じる。慶喜のみならず、容保と定敬も新政府から排除する。

この人事案は、慶喜を戴く幕臣や会津・桑名藩の猛反発を招くことが予想された。よって、西郷たちは慶喜や会津・桑名藩を出し抜く形で目的を達成しようとする。

十二月九日朝、薩摩藩など五藩の兵が御所を取り囲んだ。御所の警備にあたっていた会津・桑名藩は不意を突かれ、気後れしてしまう。抵抗することなく、慶喜のいる二条城へと引き揚げていった。

厳重な警戒のなか御所で開催された朝廷の会議（小御所会議）で、西郷たちが練り上げた新政府の人事案が決定をみる。慶喜たちを排除するクーデターは成功したのである。

追い詰められた薩摩・長州藩

薩摩藩が主導した政変により、五藩の連合政権とも言うべき新政府が樹立されたが、排除された徳川方はもちろん黙っていなかった。クーデター当日、軍事衝突は起きなかったとはいえ、京都市中では殺気立った会津藩士が薩摩藩士と小競り合いをはじめていた。

幕臣たちに至っては言うまでもない。薩摩藩などが警備する御所へ今にも攻めかかろうという動きを、慶喜が必死に抑える状況だった。慶喜がいた二条城は幕府兵に加え、御所警備から引き揚げてきた会津藩兵や桑名藩兵もおり、城内は武装兵であふれていた。

このままの状況が続けば京都で戦争が勃発するのは時間の問題だったが、慶喜はある行動に出る。同十二日、幕府兵と会津・桑名藩兵を連れて大坂城に下向した。両藩主松平容保と定敬も同行する。翌十三日、慶喜は大坂城へ入城した。

慶喜の大坂入城は表向きは薩摩藩との衝突を避けるためであったが、薩摩藩代表で新政府参与の大久保たちは大きな衝撃を受ける。幕府兵と会津・桑名藩兵合わせて一万人近くの軍勢を連れて大坂城に入ったことで、慶喜が大坂を名実ともに掌握し、京都を軍事的にも経済的にも封鎖できる体制が整ったからだ。大坂湾には幕府海軍の軍艦が停泊していたため、在京の薩摩藩は国元からの増援兵や物資の補給を望めなくなった。現有兵力で戦わねばならない。

京都を封鎖している間に、慶喜は幕府寄りの親藩や譜代諸藩と連携し、持久戦に持ち込むことで五藩を離間させようとしているに違いない。慶喜の大坂入城が薩摩藩に不利に働くという見方は、諸藩も共有していた。

実際、五藩の足並みは乱れつつあった。

二十一日、新政府は御所警備の薩摩・長州・土佐・広島藩に対し、京都南郊の伏見への出動を命じる。会津藩兵や配下の新撰組が伏見まで繰り出し、伏見奉行所を拠点に京都を窺う姿勢を示したからである。その頃は長州藩も入京を果たし、御所の警備にあたっていた。

ところが、土佐藩と広島藩は派兵を拒否したため、伏見に向かったのは薩摩・長州藩のみだった。新政府内部が一枚岩でないことが、はからずも露呈した格好だ。

慶喜に近い立場の土佐藩は、議定を務める前藩主山内容堂が慶喜を新政府から排除した薩摩藩の強引な政治手法に批判的だった。よく知られているように、小御所会議では慶喜の新政府入りを強く主張して岩倉と激論に及んだほどだ。そうした政治姿勢が、土佐藩をして徳川方との軍事衝突を招きかねない伏見派兵を拒否させたわけである。

土佐藩のみならず、連合を強化したはずの広島藩までもが派兵を拒否したのは薩摩藩にとり大きなショックだった。薩摩・長州藩との連合を続けることに不安を持ちはじめていたからであり、慶喜による五藩離間の策は成功しつつあった。

その背景には、薩摩藩主導による政変への批判が諸藩の間ではたいへん強かったことが挙げられる。二十六日には、北は仙台藩から南は熊本藩まで国持大名と称される大藩の京都留守居役が集まり、慶喜を新政府から排除するのみならず、「辞官納地」まで求めた対応を批判する文章を作成している。これが、薩摩藩が牛耳る新政府に対する在京諸藩の総意だった。

十二月九日の政変と慶喜の処遇をめぐって薩摩藩批判が諸藩の間に湧き起こっている現状には、盟友の長州藩も不安を隠せなかった。長州藩でさえ、薩摩藩はやりすぎではないかと懸念していた。長州藩まで諸藩から袋叩きに遭うのを恐れたのである。

五藩の結束は崩壊寸前だった。

慶喜の強硬策が仇となる

そうした空気を受け、慶喜に対して強硬姿勢を取っていた大久保や岩倉は腰砕けとなる。慶喜を排除して樹立された五藩の連合政権といっても、慶喜に近い土佐藩や徳川一門の尾張・福井藩は慶喜への配慮を忘れてはおらず、薩摩藩としてもその意向を無視できなかった。さもないと、五藩による連合政権はたちまち瓦解してしまう。

議定を務める尾張藩の徳川慶勝と福井藩の松平春嶽は新政府を代表し、慶喜との交渉にあたった。その結果、慶喜に領地を返上させようとした目論見は事実上失敗に終わる。

さらに、慶喜が再び京都にのぼって御所に参内すれば、新政府の議定に任命される政治日程まで組まれてしまう。それは、慶喜を新政府から排除しようと策をめぐらしてきた西郷や大久保の政治的敗北を意味した。十二月二十八日のことである。

新政府入りが内定した慶喜が政局の主導権を再び握るのは、時間の問題となった。そのうえ、緊迫する政治情勢を受けて江戸からは新鋭の陸軍部隊が到着し、徳川方の軍事力は増強を続けていた。鳥羽・伏見の戦い前には、上方に駐屯する徳川方の将兵は約一万五千人にも達する。薩摩藩は絶体絶命の窮地に追い詰められた。

ところが、慶喜は「討薩の表」を掲げて大兵を京都に進ませてしまう。朝廷に奉呈するため自ら起草した「討薩の表」とは、次のような内容だった。

十二月九日以来、新政府から発せられた指令は、朝廷の真意ではない。すべて薩摩藩内の奸臣の陰謀から出ていることは、天下の知るところ。江戸などでの強盗騒ぎも、薩摩藩士が煽動したもの。東西呼応して騒乱を引き起こす所業は、天も人も憎むところである。よって、その奸臣どもをお引き渡し願いたい。さもなくば、やむなく誅戮を加えるまで、という檄文であった。奸臣が西郷や大久保たちを指すのは言うまでもない。

江戸などでの強盗騒ぎとは、薩摩藩の三田屋敷を根城に浪士たちが市中や関東各地に出没し、強盗騒ぎを引き起こしたことを指す。徳川家を挑発して戦争に持ち込もうという薩摩藩の意図が秘められていた。

果たせるかな、江戸城の留守を預かる勘定奉行小栗忠順たち徳川家首脳部は堪忍袋の緒が切れた。市中取り締りにあたる庄内藩などに命じ、二十五日早朝より三田屋敷を包囲させて焼き討ちにかけた。これを機に徳川家は薩摩藩と交戦状態に入るが、戦争を仕掛けられた薩摩藩は一丸となって徳川家との戦いに臨んでいく。

討幕派の首魁とみられがちな薩摩藩だが、実は内部は徳川家との武力対決でまとまっていたわけではなかった。むしろ逆である。討幕を唱える西郷や大久保は薩摩藩を滅亡に追い込むものとして危険視され、藩内では孤立していたのが実情だったが、徳川家から戦争を仕掛けられたことで藩論は武力対決で一気にまとまる。

江戸で薩摩藩と戦争状態に入ったとの報が入ると、大坂城内は興奮の坩堝《るつぼ》と化す。慶喜も湧き上がる主戦論を受けて薩摩藩討伐を決意し、京都への進軍を命じた。

しかし、この決断は仇となる。慶喜の人生を暗転させるのであった。

起死回生の鳥羽・伏見の戦い

慶応四年（一八六八）元日。戊辰の年のはじまりである。

新年早々、大坂城内に慶喜の率兵上京が布告された。翌二日、大坂城に籠もっていた幕府兵や会津・桑名藩兵は京都に向かって進軍を開始するが、海上では戦いがはじまっていた。徳川家の軍艦と薩摩藩の軍艦が兵庫沖で砲戦を開始したのだ。

徳川勢は鳥羽街道と伏見街道を経由して京都へ向かう作戦計画を立てる。京都に入る街道は両街道以外にも宇治・山崎街道などがあったが、勝利を確信する徳川方は京都を包囲する作戦は立てなかった。鳥羽・伏見から平押しすれば、京都は占領できると楽観視していた。

徳川勢は総勢一万五千。そのうち五千人が大坂に後詰の形でとどまり、一万人が鳥羽・伏見へと進軍した。幕府兵は西洋式の調練を積んだ歩兵部隊が主力で、銃器の装備も薩摩・長州藩に勝るとも劣らなかった。それゆえ両藩は苦戦を強いられる。

迎え撃つ薩摩・長州藩は勝利を確信する徳川方とは逆に、敗北も覚悟した。敗北を喫した場合、天皇を山陰に動座させることを考えていた。徳川方に天皇を奪われては官軍から賊軍に転落してしまうからだ。

徳川勢が大挙して京都に向かうとの報に接した新政府は、薩摩・長州・土佐・広島藩に出兵を命じるが、広島藩は出兵を辞退する。土佐藩は出兵したものの、戦意がなかった。議定の山内容堂が戦闘への参加を禁じたからである。この戦いは徳川家と薩摩藩の私戦と、容堂はみなしていた。

結局、薩摩・長州藩のみが向かい、死力を尽くして戦う。総勢四千〜五千人だが、過半は薩摩藩兵だった。実戦経験の豊富な練度の高い銃隊だったものの、長州藩兵は千人ほどに過ぎなかった。同藩の動員可能兵力は一万人を超えており、主力は国元に温存していた。鳥羽・伏見の戦いとは、徳川家と薩摩藩の戦いという性格が色濃かった。容堂が両者の私戦とみなしたのも故なしではなかったのである。

戦いは三日からはじまるが、徳川方は緒戦から思わぬ敗北を喫する。その敗因は、数の力をたのみ、勝利を楽観視して相手を甘く見ていたことに尽きる。かたや劣勢だった薩摩・長州藩は勝利を得るための作戦を練り、戦いに臨んだ。その違いは大きかった。

徳川勢の軍備が薩摩・長州藩に劣っていたわけでは決してない。兵も勇敢だった。銃砲の優秀さや兵の奮戦ぶりは、敵の薩摩藩が認めたぐらいである。

しかし、薩摩・長州藩を甘く見たことに加え、指揮が混乱してしまい統制が取れなかった。一口に徳川勢といっても、幕府歩兵隊、会津、桑名、高松、松山、大垣、津藩などの寄り合い所帯であり、バラバラに戦っていたのが実態だった。個々に奮戦はするものの、連携の悪さを突かれる形で薩摩・長州藩に足をすくわれる。

両藩に勝るとも劣らない軍事力を有効に使いこなせず、みすみす自滅したのだ。

開戦初日の三日夜、御所では鳥羽・伏見での砲声が鳴り響くなか、総裁有栖川宮の命のもと集まった議定・参与たちが激論を繰り返していた。結論が出ないまま会議は夜遅くまで続いたが、そこへ前線から薩摩・長州藩勝利の報が飛び込んできた。

瞬く間に、会議の空気が一変する。今まで様子見をしていた者たちが勝ち馬に乗れとばかりに、西郷や大久保にすり寄っていった。

この時を逃さず、大久保は岩倉に迫る。朝敵慶喜の討伐を諸藩に布告、仁和寺宮を征討大将軍に任命し、錦旗節刀を下賜する案を会議で通してほしい。

岩倉は大久保の期待に応えた。慶喜寄りの容堂たち議定は沈黙を余儀なくされる。結果からみると、緒戦の勝利がすべてであった。

この日、薩摩・長州藩は官軍、徳川方は賊軍に転落した。

東征軍の京都進発

翌四日、仁和寺宮が征討大将軍に任命される。五日には錦旗を掲げて本陣の東寺を出陣。鳥羽・伏見を視察した。これが契機となり、形勢を展望していた日和見の諸藩が雪崩を打って旗幟を鮮明にする。

開戦までは薩摩・長州藩を圧倒する軍事力を背景に勝利は疑いないと確信していた慶喜だったが、開戦初日から思わぬ敗北を喫したことに大きな衝撃を受ける。挙句の果てには、朝敵に転落した。

慶喜はもともと、尊王の志が厚い人物である。朝敵の烙印を押されたことの精神的ダメージは限りなく大きかった。戦意は完全に消失する。

このまま大坂城内にとどまっていては、取り返しのつかない事態となってしまう。賊軍の将として籠城戦を余儀なくされる。朝敵として討たれ、末代まで汚名を残すのは耐えられない。そんな気持ちだったのではないか。

六日夜、慶喜は密かに大坂城を脱出する。翌七日朝、軍艦開陽丸に乗船し、海路江戸へと向かった。慶喜の大坂城脱出という衝撃的な情報が伝わると、置き去りにされた旗本・御家人・歩兵隊、そして会津、桑名藩兵は徳川家の軍艦に乗船して江戸に逃げ戻っていく。

慶喜が海路大坂から江戸に向った同じ正月七日。

京都では新政府の議定、参与の面々、そして在京中の諸侯が御所に参内した。約一カ月前に新政府最初の会議が開かれた小御所で、総裁有栖川宮が慶喜追討令を読み上げ、参与から議定に昇格していた岩倉具視が次のとおり付け加えた。

追討令をお請けする者は明日の午前八時までに請書を提出するように。新政府に馳せ参じるのか、朝敵慶喜に味方するのか。去就を明確にせよと踏絵を突き付けたのだ。

新政府内で慶喜寄りの立場を取っていた土佐藩・尾張藩・福井藩も、もはや岩倉に抗することはできなかった。次々と請書を提出し、慶喜討伐軍に参加することを誓う。

請書を提出した諸藩は、国力相応の人数を連れて上京するよう命じられる。早くも二十三日に、薩摩藩では国元からの増援兵が大坂に無事到着する。徳川家の軍艦が慶喜を追いかける形で江戸へ走り、大坂湾の封鎖が解かれたことは大きかった。

こうして、西国諸藩は親藩・譜代・外様大名の別にかかわらず、新政府に馳せ参じることになる。鳥羽・伏見の戦いから一カ月ほどで、新政府は西日本を制圧した。

二月十五日には、総裁有栖川宮を大総督とする慶喜討伐軍が京都を進発し、東海道・東山道・北陸道の三道から江戸に向かった。これを東征軍と称したが、全軍の指揮を執ったのは参与から大総督府参謀に転じた西郷だった。

鳥羽・伏見の戦いという形で火ぶたが切られた戊辰戦争は、上方から関東・東北へと舞台が移っていく。

(2) 明治天皇の東京行幸

大坂遷都論の背景

鳥羽・伏見の戦いでの勝利を機に新政府の礎はようやく固まりはじめるが、その直後、激震が走る。震源地は薩摩藩であった。

参与の大久保が大坂遷都を発議したのだ。公家たちには寝耳の水の提案だったが、鳥羽・伏見の戦いの前から薩摩藩内では大坂遷都論が持ち上がっていた。

例えば、西郷や大久保の同志である薩摩藩士伊地知正治は大坂城の本丸を皇居とし、二丸に役所を置くよう提起している。

世界各国の首都や江戸城を見た外国人が、天皇のいる御所を見てどう思うのか、江戸城に比べればかなり小規模であることを懸念したのだが、遷都にはもうひとつ大きな理由があった。旧習から脱却するには遷都に勝るものはないと伊地知は考えていた。

大久保も同じ考えだったが、すぐ表には出していない。新政府内の反応をみるかのように、慶応四年正月十七日に大坂親征行幸という線で総裁有栖川宮に申し立てた。親征とは、天皇自ら兵を率いて征伐にあたることである。

遷都ではなく行幸という言葉を使ったのは、公家たちを刺激して猛反発を買うのを懸念したからに他ならない。京都遷都以来、千年もの歳月を重ねた歴史はたいへん重かった。

大久保が申し立てた大坂親征行幸案は次のとおりである。単に大坂に行幸するだけでなく、そのまま大坂に滞在して朝廷の旧弊を一新していただきたい。外交や軍備についても指揮してほしい。

先頭に立って、新国家造りに邁進する姿を内外に見せてほしいという趣旨の提案だった。

嘉永五年（一八五二）生まれの天皇は、この時十七歳。

慶喜が江戸へ走った後、大坂城は戦わずして新政府の手に落ちていた。慶喜追討令発令から二日後の正月九日のことである。

十八日、大久保は参与の長州藩士広沢真臣と同道して岩倉のもとを訪れ、親征行幸の先に見据える大坂遷都について相談している。十九日には、岩倉の勧めを受けて有栖川宮と議定三条実美に遷都を提言した。同じ日、広沢が参与の土佐藩士後藤象二郎と福井藩士由利公正の同意を取り付けている。新政府を支える薩摩・長州・土佐・福井藩が大坂遷都でまとまった形だ。

こうした根回しを経て、二十三日に大久保は大坂遷都の建白書を提出する。旧習を一新して大変革を遂げるには遷都が不可欠と主張するとともに、外国（ヨーロッパ）の君主をモデルとして、天皇の姿を広く見せることを強く求めた。それは遷都の目的でもあった。従来、天皇は御所の奥深く住み、議奏など限られた公家か身の回りの世話をする女官しかその姿を見られない存在だった。御所の外に出ることもほとんどなかった。

しかし、先頭に立って新国家造りに邁進する姿を広く見せてほしいと願う大久保たちとしては、それでは困る。天皇が率先して政務をこなす姿勢を示さなければ、天皇親政（王政復古）も掛け声だけに終わるのは必至という危機感があった。

天皇親政といっても、その下で内政や外交を仕切りたい目論見が秘められていたが、少数の公家や女官に天皇が独占されているのが現状で、思うに任せない状況だった。天皇との距離を近づけるには、どういう形であれ御所の外に出てもらうしかない。

新政府参与とはいえ無位無官である以上、御所での活動にはどうしても限界があった。そもそも、天皇に拝謁することさえできない。

公家や女官を天皇から引き離すことが何よりも必要だった。彼らの影響力を排除しなければならず、最も効果的な方法が遷都だと大久保は考えたのである。

さもないと、公家や女官は天皇を独占し続ける。新政府が旧習を一新して大変革を目指しても、抵抗勢力として立ち塞がるに違いない。

そんな思いを共有していたからこそ、藩士クラスの参与は大坂遷都に同意したのだが、当然ながら公家や女官は抵抗する。早くも、新政府内では天皇の争奪戦がはじまっていた。

大久保が他の参与の同意を得て発議した大坂遷都論は、議定を務める公家や藩主たちの反発に遭って却下される。だが、既に有栖川宮に申し立てていた大坂親征行幸案は岩倉の奔走もあり、二十九日に内定をみた。

二月九日、大坂親征行幸が布告される。もちろん親征といっても名ばかりで、そのポーズを示しただけだった。同日に東征大総督に任命された有栖川宮が錦旗節刀を下賜され、慶喜討伐に向かうことになる。

天皇の大坂行幸

大坂遷都の建白書は却下された大久保だったが、これで諦めたわけではなかった。二月初旬に、朝廷改革の意見書を岩倉に提出している。

天皇が表の御座所に親臨して万機を親裁すること。表には女官の出入りを禁止すること。毎日、新政府首脳部と面会して政治問題を学ぶこと。内外の状勢について勉強すること。馬術の訓練をすることなどを求めていた。

天皇自ら先頭に立って新国家造りに邁進するためには、何が必要なのかを示したのだ。大久保の言う朝廷改革とは、天皇の生活環境の改変、ヨーロッパの君主をモデルとした教育の実行であった。

天皇は二月下旬に大坂に行幸する予定だったが、一カ月ほど出発が遅れる。大坂には四十日以上滞在したが、天皇がこれほど長期間御所の外に出ることは数百年来なく、朝廷としてはその準備にたいへん手間取ったのである。女官も同行することになっていたが、知らない土地で長期にわたって生活するのを嫌がった裏事情も出発が大幅に遅れた理由だった。

天皇が京都を出発したのは、三月二十一日のことである。二泊三日の行程で二十三日に行在所となる本願寺別院に入った。

親征の名目で行幸している以上、陸海軍の閲兵も日程に組み込まれていた。三月二十六日、大坂湾で海軍を閲兵。四月六日に大坂城で諸藩の調練、閏四月五日には大砲の発射演習を閲兵している。

大坂滞在中、天皇は大久保たち参与に拝謁を許している。無位無官の者が拝謁を許されるなど、公家たちにとってみれば驚天動地の出来事である。御所ならば到底無理だったが、行幸という好機を捉え、大久保たちは拝謁に成功する。

四月九日、天皇は大久保を召して時局を下問した。十七日には、総裁局顧問で長州藩士木戸孝允と後藤象二郎も召して海外情勢について下問している。大久保たちが感激したのは言うまでもない。

天皇が四十日以上にも及んだ行幸を終えて京都に戻ったのは、閏四月八日のことである。

徳川家移封と江戸遷都論の浮上

天皇親征を代行する形で慶喜討伐に向かった東征大総督の有栖川宮は、その頃どうしていたのか。

三月十四日の西郷と徳川家代表勝海舟の頂上会談により、江戸城総攻撃は中止された。四月十一日に江戸城は開城となり、二十一日には有栖川宮が東征軍を率いて江戸城に入った。鳥羽・伏見の戦いの責任を取って隠居した慶喜も助命されて水戸で謹慎となり、大坂親征行幸が終わった頃は徳川家処分が新政府内で評議されていた。

徳川家処分とは、徳川家の相続者を誰にするのか、どれだけの所領をどの地で与えるのか、江戸城を居城として与える（返還する）のか、という問題である。

閏四月十日の新政府の会議で、相続人は徳川一門の田安亀之助、徳川家に与える所領は百万石と内定した。そして、徳川家を駿河に移封することで江戸城を召し上げる意見が有力となるが、議定から副総裁に昇格していた三条が関東監察使として下向し、現地の情勢を直接見たうえで最終判断を下すことで一決する。

同二十四日に江戸城に入った三条（当時は輔相）は、翌二十五日に徳川家処分を決定する。相続人は田安亀之助とし、駿河・遠江で七十万石を与える。居城は駿府城。江戸城は召し上げる。

五月十五日、東征軍は江戸において新政府への敵対姿勢を崩さなかった彰義隊を壊滅させた。同二十四日には徳川家の駿河移封を公表するが、それに伴い新政府内では江戸遷都論が急浮上する。近代郵便制度の創設者となる前島密が大久保に提出した意見書では、江戸城はもとより、広大な大名屋敷や幕臣の屋敷を政府用地に充てられるメリットが強調されていた。

大久保たちは江戸遷都に向けて動き出すが、遷都に拒否反応を示す公家たちを刺激するのを恐れ、まずは江戸行幸の実現を目指す。大坂よりもはるかに遠方であり、天皇がそんな遠くまで行幸した前例などない。反対論が噴出するのは火を見るよりも明らかだった。

新政府のトップは天皇を補佐する輔相の三条と岩倉だったが、関東の現場責任者は関八州鎮将を兼務する三条である。江戸城にいた三条のもとに、京都から大久保・木戸そして同じく参与で佐賀藩士の大木喬任が向かい、江戸行幸について協議を開始する。この協議には、彰義隊鎮圧の指揮を執った長州藩士の大村益次郎も加わった。天皇の江戸行幸と江戸の東京への改称が内定したのは、六月二十七日のことである。

東京への改称とは、江戸（東京）遷都のための布石に他ならない。西の京である京都に対し、東の京である東京。江戸を都に昇格させる。徳川家の時代は終わったことを江戸っ子に知らしめようという意図も秘められていた。京都に戻った木戸と大木は岩倉に協議結果を報告し、七月十七日には江戸を東京と改称する旨の詔書が布告される運びとなる。

ところが、東京への行幸つまり東幸は新政府内でなかなか合意が得られなかった。同二十八日に東幸が決まるものの、期日までは決定できなかった。天皇を東京まで長旅させるのは不安だ、東北や北越の戦乱がまだ収まっていない、東幸には莫大な出費を要する、との反対論が公家たちの間で噴出していた。

公家では議定の中山忠能、大原重徳。大名では松平春嶽が反対論を唱える。中山は天皇の外祖父で、討幕の密勅発給では議奏の正親町三条実愛・中御門経之とともに発給者として名を連ねていた。岩倉や大久保とは同志の関係にあったが、天皇の東幸では反対に回る。大原は文久二年（一八六二）に薩摩藩が幕政改革を求めて国政進出をはかった際、その意を受けた勅使として江戸に乗り込んだ人物である。

薩摩藩に近い公家たちも反対に回るほどであり、いかに朝廷内で天皇の東幸への反発が強かったかが分かる。東幸には公家や女官から天皇を引き離す目的も秘められていたからだ。まさしく天皇の争奪戦だった。

岩倉たちが説得に努めた結果、八月四日に天皇の東幸、二十八日には九月中旬の東幸が布告されたが、期日は決まらなかった。依然として東幸反対論が収まらなかったのである。

東京にいた三条はしびれを切らし、急ぎ大久保を京都に向かわせる。九月十三日、大久保は熱弁をふるい、ようやく同二十日の出発が確定した。

その直前の八日、慶応は明治と改元される。前月の八月二十八日には即位の礼が挙行されていた。

天皇の東京行幸と政府機能の移行

明治元年（一八六八）九月二十日、天皇は東京に向けて出発した。その日は大津宿に宿泊し、以後東海道を進むことになっていたが、京都にいるはずの大原重徳が馬に乗って大津に駆け込んでくる。大原は東幸に反対する公家たちの急先鋒である。

行列が出発した後、伊勢神宮の大鳥居が倒れたとの急報が入ってきたという。伊勢神宮は皇室の祖神天照大神を祀る神社だが、この凶兆は神様が東幸に警告を発したものとして、大原は東幸を中止して京都に引き返すよう迫った。

しかし、行列に随行していた岩倉は受け付けず、予定通り、天皇の行列は東海道を東へと下っていった。

東京までの道中、天皇は沿道各地の高齢者、孝子、節婦、公益事業の功労者たちを褒賞した。罹災した者には金品を与えた。将軍に代わって、名実ともに新国家のトップとなった天皇の恩沢を広く知らしめたい意図が込められていた。

十月十三日、東海道を下ってきた天皇一行は旧江戸城西丸御殿に入る。江戸城は東京城と改められ、皇居と定められた。この日、東北を平定した新政府軍も東京に凱旋してきた。偶然の一致ではなく、天皇の東京行幸に合わせて凱旋してきたのだろう。

天皇の東幸には、東京市民に変身させられた江戸っ子にその威光を知らしめる意図があった。名実ともに新政府に帰順させるのだ。

それだけ、彼らの間では新政府への反発が強かった。自らを官軍と称しても、幕府と敵対した薩摩・長州藩を主力とする以上、敵愾心はそう簡単には消えない。新政府も、そんな人情はよくわかっていた。

新政府は天皇東幸の際、徳川びいきの江戸っ子に酒を振る舞うことで天皇の恩沢に浴させようと目論む。これを「天盃頂戴」と称した。

十一月四日、新政府は東京市民および近郊の農民に、東幸のご祝儀として計三千樽余の酒のほか土器、錫製の瓶子(徳利)、スルメなどを下賜する。一樽は四斗入りであり、一升瓶でいうと十二万本分以上だ。前日に、船で上方から着いたばかりの新酒だった。

新政府からの指示もあり、東京市民は六日・七日と仕事を休み、下賜された新酒を頂戴した。各町は山車や屋台を出し、天皇の東幸をお祝いした(斎藤月岑『増訂　武江年表2』平凡社東洋文庫)。

新政府は手を替え品を替えて、東京市民の人心収攬に努めた。だが、その効果は定かではない。

東京城に滞在した天皇は一と六の日を除いて学問に勤しみ、三と八の日の午後は乗馬に励んだ。ヨーロッパの君主をモデルとしたアクティブな天皇になるための教育がはじまっていた。京都では先例に縛られて到底不可能だったことが、行幸の機会を活用して実行された。大久保が強く望んだ旧習の一新の一つに他ならなかった。

同二十七日、新政府は十二月上旬に天皇が京都に還幸すること、明春に東京へ再行幸（再幸）することを布告した。三条を筆頭に、もうしばらくは東京にとどまるべきという意見も新政府内にはあった。東京をはじめ関東の人心を天皇がいまだ掌握し切れていない以上、急いで京都に戻る必要はないというわけだが、天皇不在の京都の人心にも配慮すべきとする岩倉の意見が通る形で年内の還幸が決まる。

十二月八日、東京を出発した天皇は再び東海道を経由し、二十二日に京都へ戻ったが、政府機関の一部は既に移転済みだった。天皇の東幸に従う形で、外交事務を執る外国官は長官以下が東京に移っていたのである。

東京を出発する直前の十二月六日には、諸藩の代表者（公議人と呼ばれる）が藩論を展開する公議所を東京の旧姫路藩邸に開設すると布告している。新政府は公議所を通じて諸藩の意見を集約しようと考えていたが、京都ではなく東京に諸藩の代表者を集めようとした意図は明らかだろう。

翌七日には、東京城に宮殿を造営すると布告する。翌年の東京再幸に備えた対応だが、そのまま東京に遷都してしまいたい意図も秘められていたのは言うまでもない。

東京遷都への既成事実作りは着々と進んでいた。

東京奠都

明治二年（一八六九）正月十八日、政府は国是に関する会議を開催するとして、四月中旬までに東京へ集まるよう諸藩の藩主に命じた。二十四日には、天皇の東京再行幸を三月上旬と布告する。

二月十八日、政府は東京再幸の出発日を三月七日と告げた。同二十四日には、天皇が東京に滞在中は政府の最高機関である太政官を東京に移し、京都には留守官を置くと布告する。天皇が京都に戻れば太政官も戻るわけだが、太政官が京都に戻ることはなかった。

三月七日、天皇は京都を出発して東京へと向かった。同二十八日、天皇は東京に到着し、皇居東京城に入る。以後、東京城は皇城と称された。

布告されることはなかったが、この日が事実上、東京遷都の日だった。名実ともに、江戸（東京）が将軍のお膝元から天皇のお膝元となった日でもあった。

しかし、なし崩し的な東京遷都の流れは公家や京都市民の猛反発を生む。そのまま天皇は東京にとどまり、京都に戻ってこないのではないか。京都は廃都となり、千年以上の都としての歴史が終わるのではないか。人心は大きく動揺し、社会不安は深刻度を増していく。

事態を憂慮した政府は京都の人々に配慮し、結局のところ遷都を布告することはなかった。遷都の宣言を控えることで、それ以上の混乱が生じるのを防いだのである。

そして遷都の代わりに、都を定めるという意味の「奠都《てんと》」という言葉を使うようになる。東京奠都とは、京都のほかに東京を新たに都として定めたということであり、京都の廃都は意味していない。

しかし、東京奠都とはいえ、天皇が東京城を皇居として住み続けている以上、事実上の遷都であることは誰の目にも明らかだった。七カ月後の十月には、皇后も東京に向かうことになり、人心の動揺はさらに深まる。

東京「遷都」がもたらした京都の社会不安は、誕生したばかりの政府にとって大きな悩みの種となるのである（佐々木克『江戸が東京になった日』講談社選書メチエ）。

(3)　荒れ果てた東京

武家屋敷の没収

慶応四年七月十七日に江戸が東京と改められたことで、それまでの江戸鎮台府に代わって東京府が置かれた。初代府知事は公家の烏丸光徳という人物である。八月十八日、大和郡山藩柳沢家の上屋敷内に東京府庁が開庁した。

東京行幸という名の「遷都」を踏まえ、政府は東京を首都とする国家造りを急ピッチで進めることになるが、その際、役所の用地や役人に与える屋敷の確保は不可欠だった。そこで目を付けたのが、皇居となる江戸城周辺に展開する広大な大名屋敷や幕臣の屋敷である。前島密が大久保に提出した江戸遷都の意見書でも、大名や幕臣の屋敷を政府用地に充てられるメリットが強調されていたことは既に述べたとおりだ。

政府は徳川家とともに駿河に移住する旧幕臣の屋敷のほか、政府に出仕する意志のない旧幕臣の屋敷を召し上げ、役人の屋敷に充てた。例えば、第3章で登場する佐賀藩士の大隈重信は旗本戸川安宅が築地に持っていた五千坪もの屋敷を与えられている。

大隈の築地屋敷には明治の元勲となる長州藩士の伊藤博文や井上馨をはじめ、新国家建設に大志を抱く青年たちが出入りし、日夜意見を戦わせることになる。「築地の梁山泊」と呼ばれた屋敷である。

並行して大名屋敷も次々と召し上げていく。幕臣の屋敷が役人の屋敷に充てられたのに対し、より広大な敷地を誇った大名屋敷は役所の用地や軍用地に転用される事例が多かった。大名屋敷となると、数万坪クラスも珍しくないからだ。

参勤交代制に基づき、諸大名は幕府から上・中・下屋敷を下賜された。大名が住む上屋敷は江戸城の周辺、世継ぎが住む中屋敷は上屋敷よりも江戸城から離れた場所、別荘や倉庫として活用された下屋敷は江戸郊外を下賜されたが、江戸城つまり皇居に近い上屋敷が没収のターゲットとなる。

こうして、上屋敷が集中していたことで「大名小路」という別称があった現在の千代田区大手町・丸の内・有楽町一帯などは役所の用地に転用され、官庁街へと変身する。大手町の姫路藩邸は大蔵省や内務省、小倉藩邸は文部省、丸の内の岡山藩邸は司法省、有楽町の鳥取藩邸には陸軍省が置かれた。

離宮や軍用地に転用される事例もみられた。紀州藩の赤坂中屋敷は赤坂離宮となり、尾張藩の市谷上屋敷は第5章で登場する御親兵の屯所となった。後に陸軍士官学校が置かれ、現在は防衛省庁舎が立つ。

荒れ野原の東京

東京「遷都」により、大名屋敷と幕臣屋敷の大半が政府に召し上げられて官庁の用地や役人の屋敷に転用されていったが、転用された土地はごく一部に過ぎなかった。

何といっても、大名屋敷や幕臣屋敷といった武家地で江戸の土地の約七割を占めていたからだ。あまりに没収地が広大であったため、転用できたのは一部に過ぎず、その過半は管理もできず放置されている有り様だった。つまり、明治初年の東京は武家地を中心に荒れ果てていたのである。

そんな明治初年の東京の情景を活写した人物がいる。近代日本の女性解放運動のシンボルの一人に数えられる山川菊栄だ。

菊栄の母は青山千世という。安政四年（一八五七）に水戸藩士で儒学者の青山延寿の娘として生まれた。菊栄は母千代が見聞した幕末〜明治維新期の社会状況を聞き取り、『おんな二代の記』としてまとめている。

同書によれば、東京府地誌課長だった延寿は娘の千世に次のように語ったという。

旧水戸藩邸のあと、後楽園周辺の地域は錬兵場となって一面に細い草につつまれ、九段坂をのぼると、新築したての招魂社（靖国神社）がりっぱなだけだ。この辺一帯、高い土塀をめぐらし、棟の高い堂々たる旗本屋敷ばかりだった昔にひきかえ、今はあたり一面麦畑、菜畑になってしまい、おりおりの雉子の声がきこえるばかり。瓦や小石や馬や犬の糞や、土くれがうず高く道をうずめている。麴町通りをすぎ、平川町に出、日枝神社にまいると、ここだけは昔のままにりっぱなお宮が残っている。ここから東へ十町、新橋までの間、昔は豪勢な大名屋敷がつづいていたのだが、今は瓦がおち、練塀がはげ、棟は朽ち、青草がしげっているばかり（山川菊栄『おんな二代の記』平凡社東洋文庫）

「旧水戸藩邸」とは水戸藩の小石川上屋敷のことであり、屋敷内には名園後楽園もあった。かろうじて後楽園は残ったものの、御殿などの建物が立っていた場所は政府に取り上げられて練兵場となり、草むらに転じた。後に東京砲兵工廠となる。今は東京ドームだ。

近くの九段坂界隈は、旗本屋敷が立ち並ぶ武家屋敷街として知られた。だが、政府に没収されたことで、麦畑や野菜畑に変じる。住む者がいなかったため、建物が壊されて畑になっていたのだ。

新橋界隈は、かつて仙台藩伊達家などの屋敷が立ち並ぶ大名屋敷街であったが、管理する者もいなかったため放置されてしまう。建物は壊れるに任せ、草が青々と生い茂る状態だった。

当時、東京が荒れ果てていた様子がよく分かる証言である。

桑茶政策の大失敗

東京の荒廃ぶりに、政府もただ手をこまねいていたわけではない。京都市民の反発を恐れて正式には宣言できなかったものの、仮にも東京は日本の首都である。荒れ野原状態を放置することはできなかった。

烏丸光徳の後任として参与から東京府知事に転じていた佐賀藩士の大木喬任は、明治二年八月二十日に桑茶政策と俗称される政策を布告する。没収した幕臣の屋敷に桑や茶を植え付けるよう奨励したのである。

桑か茶を植え付けたいと希望する者は、希望の場所を東京府に申し立て地所の払い下げを受けること。その後、四カ月以内に植え付けるように。他の作物を植えた場合は払い下げ地を没収するというのが布告の趣旨だった。

当時は、蚕糸（生糸）と茶が日本の主力輸出品である。政府としては、荒廃した幕臣などの屋敷を桑畑や茶畑に生まれ変わらせて生糸や茶を増産し、これを輸出して国を富ませたい目論見があった。

桑茶政策により、東京の武家地の多くが桑畑もしくは茶畑と化していく。

明治六年（一八七三）三月の調査によれば、政府が没収した地所三百万坪のうち、開墾対象となったのは百十万六千七百七十坪。そのうち、桑茶が植えられたのは百二万五千二百七坪にも及んだ。東京が一時期、桑畑と茶畑に変じた様子が目に浮かぶ数字である（『都史紀要13　明治初年の武家地処理問題』東京都）。

だが、この桑茶政策は大失敗に終わる。屋敷地として使われていた土地を、いきなり開墾して桑・茶畑にしても育つはずがない。実際、植え付けた桑・茶のうち七～八割は枯れてしまったという。発案者の大木も、桑茶政策は大失敗だったと回顧している。

自分が参与から東京府知事の兼任を命ぜられた当時、第一にその処置に困ったのは旧大名及び幕府旗下の士の邸宅である。塀は頽れ、家は壊れて、寂寞たる有様。これが東京府の大部分を占めておったのである。で、自分はこの荒屋敷へ桑茶を植え付けて殖産興業の路を開こうと思った。今から思うとずいぶん馬鹿な考えで、桑田変じて海となるということはあるが、都会変じて桑田となるというのだから、確かに自分の大失敗であったに相違ない（大木喬任「奠都当時の東京」『史話明治初年』新人物往来社）

ほとんど知られていない明治初年の東京の姿である。

地価が暴落した東京の土地

政府は没収した大名屋敷を官用地や軍用地などに充てる一方で、幕臣の屋敷は官吏の住居に充てた。桑や茶を植えたいと希望する者には土地を払い下げた。その土地だけで百万坪を超えたが、それでも没収した武家地はかなり余っていたのが現状だった。

東京では土地の需給バランスが崩れていたが、その結果、現在ではとても信じられないようなことも起きる。

大隈重信のもとで改進党や東京専門学校（現早稲田大学）の創設に関与し、衆議院議員も務めた市島謙吉は、当時の東京の土地事情について次のように証言する。

土一升、金一升といわれた大江戸の土地跡も全く無代価同然、誰も買人がない。かつてある老人の話に、政府は土地がこうして、荒廃に帰することを憂慮して、非常に安価で売り払ったけれども、誰も買人がない。結局一つの条件を付して、土地をただやることにした。その条件というのは、貰った人はその土地へ板構いをしなければならんという条件だった。こうして小野組だの三井だのに命令を与えて土地を引き受けさせたが、彼らもあまりこれを喜ばず、しぶしぶ払下げを願った。しかしそれらの大土地へ板構いをするのは、尠からぬ費用を要するから、結局事実無代価でもらって、板構いもせずその儘放任し、後に巨大な大財産になったということをきいている（市島謙吉「明治初年の土地問題」『史話明治初年』）

需給バランスが崩れたことで東京の地価が暴落し、無代価でも買い手が付かないほどだった。「土一升、金一升」と称されるほど地価が高かった江戸の一等地も、そうした事情は同じである。

このままでは没収した武家屋敷が荒廃してしまうとして、政府は三井家などの豪商に無料で押し付けることで、その管理にあたらせた。当時、三井家は政府の御用を請け負っており、その要請を断われない立場にあった。政府御用達、いわゆる政商だ。

押し付けられた豪商にしてみれば迷惑このうえなかったが、渋々払い下げ願を出して受け取った。払い下げられた地所には板で囲いをすることが義務付けられるが、何もせず放置していた。

しかし、後に需給バランスが逆転すると地価は一転上昇する。厄介物だった土地は巨大な資産に生まれ変わるのである。

2　戊辰戦争の戦後処理——論功行賞の朝令暮改

(1)　奥羽越列藩同盟の崩壊

奥羽越列藩同盟の誕生

江戸が東京に改められ、東京行幸という名の東京「遷都」が政治日程にのぼりはじめた頃も、戊辰戦争は続いていた。東北や越後で激しい戦闘が繰り返されたのだ。明治新政府と奥羽越列藩同盟の戦いである。

時計の針を、鳥羽・伏見の戦いの頃に戻してみる。

鳥羽・伏見の戦いでの敗戦により、徳川慶喜は朝敵に転落して朝廷から討伐を受ける身となったが、慶喜を奉じて薩摩・長州藩と戦火を交えた会津藩なども同じ運命をたどる。

慶応四年一月七日に慶喜の討伐が布告されたが、同十七日、新政府は東北の雄藩仙台藩に対して会津藩討伐を命じる。二月九日、沢為量が奥羽鎮撫総督に任命されたが、二十六日には九条道孝が総督となる。沢は副総督に変更されるも、実権を握るのは参謀を務める長州藩士の世良修蔵と薩摩藩士の大山綱良だった。

九条総督が海路で仙台に入ったのは、三月二十三日のことである。同二十九日、総督府は仙台藩のほか、同じく東北の雄藩米沢藩にも会津藩の討伐を命じた。

鳥羽・伏見の戦いの直前、三田の薩摩藩邸を焼き打ちにした庄内藩も新政府軍との対決は避けられない運命にあった。同晦日、総督府は仙台藩と秋田藩に対して庄内藩の追討を命じる。

仙台藩は藩兵を会津藩との国境に向わせたものの、戦う意思はなかった。既に仙台藩と米沢藩は会津藩に使者を送って、恭順を勧めていたからである。閏四月十一日には会津藩の処遇に関する列藩会議を白石で開き、寛大な処置を求める嘆願書を総督府に提出することを決める。

しかし、会津藩への寛大な処置を求めた東北諸藩連名の嘆願書は、総督府参謀の世良により却下される。列藩会議を主導する仙台藩は強く反発し、二十日に福島で世良を暗殺する。東北の雄藩仙台藩は新政府と全面対決する道を選んだ。

二十二日に仙台藩領白石で開かれた列藩会議で、東北諸藩による白石盟約書が締結される。翌五月三日、白石盟約書は修正のうえ、仙台において改めて盟約書として締結された。ここに奥羽列藩同盟が成立する。長岡藩など越後諸藩も同盟に加わることで、三十一藩が加盟する奥羽越列藩同盟へと発展するが、既に戊辰戦争は峠を越えつつあった。

東北平定

慶応四年五月は、戊辰戦争の転機となった月である。

五月十五日の彰義隊の戦いで勝利したことにより、名実ともに新政府は江戸を掌握した。江戸をめぐる攻防戦に決着をつけた。二十四日には徳川家から江戸城を取り上げ、駿河への移封を通告する。

江戸を軍事的に制圧したことで、新政府は東北・越後戦線に兵力を増派できるようになった。奥羽越列藩同盟側は劣勢に追い込まれるが、既に関東から東北への入り口にあたる要衝の白河城を新政府軍に奪われていた。五月一日のことである。

白河城攻防戦は六月前半まで続くが、同盟側が白河城を奪還することはなかった。五月十九日には、長岡城も落城する。

六月に入ると、新政府軍は東北への侵攻を本格的に開始する。奥州街道（白河）経由で会津を目指したが、兵力に余裕ができたため太平洋沿岸の奥州浜街道からも侵攻し、同盟諸藩を次々と軍門に降らせる。

七月二十五日には長岡藩総督河井継之助が長岡城の奪還に成功するが、すぐに奪われてしまい、長岡藩は藩地を捨てて会津へ落ち延びる。継之助は会津へ敗走する途中、長岡城攻防戦の際に負った傷が悪化し、八月十六日に会津藩領の塩沢村で死去した。

同二十日、二本松城下を出立した新政府軍は、翌二十一日に会津領内へ雪崩れ込む。早くも二十三日朝には城下への突入に成功し、会津藩は若松城に立て籠もる。約一カ月に及ぶ籠城戦がはじまった。

若松城を十重二十重に取り囲んだ新政府軍は持久戦の構えを取り、その落城を待つ戦略を選ぶ。城の東南約千五百メートルの場所に位置する小田山に砲撃陣地を作り、激しい砲撃を加えた。

既に会津藩は孤立無援だった。九月に入ると、頼みの米沢藩や仙台藩も降伏する。会津藩でも降伏・開城を模索する動きがはじまり、二十二日に降伏する。二十三日には新政府軍相手に善戦していた庄内藩も降伏した。最後まで抗戦を続けた盛岡藩の降伏が正式に受理されたのは、十月九日のことである。

ここに東北は平定されたが、戊辰戦争はまだ終わっていなかった。同二十日に旧幕府海軍副総裁榎本武揚率いる艦隊が徳川家の陸軍将兵約二千を乗せ、蝦夷地に上陸したからだ。同二十五日、榎本軍は新政府から蝦夷地に派遣されていた総督清水谷公孝を退け、開港場箱館と五稜郭を占領する。

よって、蝦夷地に討伐軍が派遣されることになるが、東北平定をもって戊辰戦争に区切りがついたと判断していた新政府は、東北・越後諸藩などの処分に着手する。

朝敵諸藩の処分

彰義隊の戦い直後の五月二十四日、新政府は徳川家を駿河・遠江七十万石に封じた。旗本の知行所も含めれば徳川家の所領は八百万石にも達しており、十分の一以下の大減封が断行された形だが、新政府に抗戦した諸藩の処分は東北平定後、一斉に行われる。

明治元年十二月七日、皇居となっていた旧江戸城の大広間に該当の藩主や重臣が呼び出され、二十五藩で総計百三万石を没収する処分が発表された。改易（御家断絶）あるいは減封の処分が下ったが、改易といっても家名の再興が同時に許され、新知という形で所領が与えられた事例がほとんどであり、実際は減封処分にとどまる。藩主は責任を取る形で隠居を命じられたものの、血縁の者による相続が認められている。

新政府軍を大いに苦しめた長岡藩にも改易処分が下るが、同時に家名の再興が許され、旧領七万四千石のうち二万四千石が与えられる。長岡城も返還された。長岡藩では前藩主牧野忠恭の子鋭橘に相続させたいと願い出て、二十二日にその願いが許される。長岡藩は第十三代藩主牧野鋭橘（忠毅）のもとで再興となった。

しかし、会津藩は家名の再興が許されなかった。家名再興が許されるのは、翌二年九月二十八日のことである。改めて旧盛岡藩領の下北半島で三万石が与えられ、松平容保の嫡男容大を初代藩主とする斗南藩として生まれ変わるが、その前途は多難だった。

会津藩を除き、奥羽越列藩同盟に参加した東北・越後諸藩は実質減封処分にとどまったが、新政府は戦争責任者の名前を申し出るよう各藩に命じる。藩主を助命する代わりに、該当する責任者を処刑することで処分を完了させようとしたのだ。

会津藩では、三人の家老の名前を挙げている。田中土佐、神保内蔵助、萱野権兵衛の三名である。田中と神保は新政府軍が城下に突入した八月二十三日に自害しており、萱野が会津藩を代表する形で責めを負う。萱野が処刑されたのは、明治二年五月十八日のことであった。

戊辰戦争は明治二年五月に箱館五稜郭の戦いが終わるまで続くが、死傷者はどれだけの数にのぼったのか。

明治政府の調査によると、新政府軍側の死者数は三千五百五十人、負傷者数は三千八百四十五人。死者の数が最も多かったのは薩摩藩で五百十四人、次いで長州藩の四百二十七人。朝敵とされた側の死者は四千六百九十人、負傷者は千五百九人。死者の数が最も多かったのは会津藩で二千五百五十七人、次いで仙台藩の八百三十一人。二本松藩の三百三十四人。長岡藩の三百十二人という順だった。

合計すると、戊辰戦争の死者は八千二百四十人、負傷者は五千三百五十四人となるが、実数はこれを上回ったという。そのうえ、政府の調査では旧幕府兵の死傷者数が含まれていない（保谷徹『戦争の日本史18　戊辰戦争』吉川弘文館）。

そして、政府の調査は実戦に参加した武士が対象だった。戦火に巻き込まれて命を失い、あるいは負傷した農民や町人の数は一切含まれていなかったのである。

戊辰戦争の終結と論功行賞

新政府が東北・越後諸藩などの処分を東京で発表した頃、蝦夷地の情勢が風雲急を告げる。

十月二十五日、旧幕府陸海軍の将兵を主力とする榎本軍は箱館や五稜郭を占領したが、十一月五日には松前藩の福山城も陥落させ、蝦夷地を制圧する。十二月十四日、榎本は蝦夷地領有を箱館駐在の各国領事に宣言した。

翌十五日には将兵たちの入札により、榎本が総裁、大鳥圭介、土方歳三たちが各奉行に選出される。いわゆる蝦夷共和国の誕生だ。

事態を憂慮した新政府が蝦夷地に討伐軍を派遣したのは、翌二年三月のことである。四月九日に蝦夷地上陸に成功した新政府軍は、十七日に福山城を奪還。五月十一日より、箱館への総攻撃を開始した。

榎本軍は善戦するも、新政府軍の圧倒的な火力の前にはなす術がなかった。新政府にとり脅威だった開陽丸などの新鋭艦を失っていたことも大きかった。十二日からは、新政府の軍艦から五稜郭に向けて艦砲射撃が開始され、甚大な損害を被る。

五稜郭からは、箱館港に入った新政府軍の軍艦に向けて二十四ポンドカノン砲などが放たれたが、ほとんどの砲は港まで届かなかった。そのため、榎本軍よりも射程距離の長い大砲を装備する新政府軍の軍艦に一方的に砲撃される。これでは五稜郭の陥落は時間の問題であった。

十八日、榎本は降伏し、五稜郭は開城となる。榎本たち幹部は東京へ護送されていった。赦免されたのは、明治四年（一八七一）七月十七日の廃藩置県後のことである。

ここに戊辰戦争は終焉を迎えた。ようやく論功行賞が発表される段となる。

六月二日、皇居大広間において戦功があった諸藩に賞典禄が下付された。薩摩藩主島津忠義（旧名茂久）とその父久光、長州藩主毛利元徳と養父敬親には最高額の十万石が与えられた。土佐藩主山内豊範とその父容堂が四万石。鳥取藩主池田慶徳たちが三万石という論功行賞だったが、土地ではなく石高の二五％に相当する米が与えられている。薩摩・長州両藩の場合は二万五千石の米が下付されたわけである。

賞典禄は勲功著しい藩士も対象であり、西郷は最高額の二千石。大久保と木戸は千八百石。彰義隊討伐で名を上げた大村益次郎が千五百石だった。

(2)　仙台藩の混乱と粛清

薩摩藩への強いライバル意識

戊辰戦争は薩摩・長州藩を主軸とする新政府の勝利に終わったが、朝敵として討伐されて減封（改易）の処分が下った諸藩にとり、本当の苦難はこれからだった。新時代明治のはじまりは、茨の道のはじまりでもあった。

御家断絶となった会津藩は斗南藩として復活を許されたものの、所領は二十三万石から三万石に減らされた。それも三万石の所領とは名ばかりで、実際は七千石の収獲しかなく、藩士たちが新領地の下北半島で過酷な生活を強いられたことは、会津藩士から陸軍大将に上りつめた柴五郎の回顧録『ある明治人の記録』を通して広く知られている。

一方、改易にはならなかったものの、軒並み減封処分を受けた東北諸藩の「その後」については関心が向けられることはあまりない。例えば、所領が半分以下に減らされた仙台藩などでは藩内が激しく動揺する。政府からもその動向が危険視され、ついには鎮撫軍が派遣されて藩内に粛清の嵐が吹き荒れるが、そうした事実もほとんど知られていないのではないか。

そもそも、仙台藩が会津藩救済のため奔走した理由とは何だったのか。なぜ東北・越後諸藩に呼びかけて、奥羽越列藩同盟を結成したのか。薩摩藩に対する長年の強いライバル意識が大きな動機となっていたことは否めない。

仙台藩は藩主が外様大名の伊達家である。表高は約六十二万石で、同じく外様の加賀藩前田家（百二万石）、薩摩藩島津家（七十七万石）に次ぐ石高を誇った。表高とは幕府から認定された石高のことだが、実際の収獲高（内高・実高）はそれを上回るのが通例で、仙台藩も実高は百万石を超えていたという。

前田家や島津家とともに、一国以上かそれに準ずる所領を有する国持大名（国主）の代表格であり、表高は劣るものの島津家と家格は同格とされた。江戸時代は家格と官位は連動しており、伊達家と島津家は近衛中将まで昇進できるのが慣例だった。前田家は別格で参議まで昇進可能である。

明和元年（一七六四）に第八代薩摩藩主島津重豪が従四位下左近衛権少将から従四位上左近衛権中将に昇任したが、第七代仙台藩主伊達重村はこれに大きな衝撃を受ける。重村は従四位下左近衛権少将のままだったからだ。仙台藩は幕閣の実力者である老中首座松平武元や側用人田沼意次に運動し、ようやく同四年（一七六七）に同格を意味する従四位上左近衛権中将に昇任できた。薩摩藩への強いライバル意識が窺えるエピソードである。

仙台藩は藩士の数も多かった。直臣が九千六百五十一家、その家来である陪臣に至っては二万三千四百七十七家を数えた。江戸時代の武士は城下町に集められて土地から切り離され、藩から俸禄米を支給されるのが一般的なイメージだが、仙台藩の場合は土地が与えられる地方知行制が採られていた。その点、薩摩藩と同じだった。

よって、多数の藩士が土着して所領支配にあたった。そのぶん所領との関係は強固だったが、後に大減封されて所領が召し上げられた時は仇となり、藩内の混乱に拍車が掛かる。

ライバルの薩摩藩のように、仙台藩は幕末の政局に自ら乗り出すことはなかったが、幕府はその実力に注目する。元治元年七月、第十三代藩主の伊達慶邦は幕府から政事総裁職を打診された。幕政への参画を求められたのである。

政事総裁職とは親藩の福井前藩主松平春嶽などが任命された重職であり、幕政から排除されていた外様大名の起用は異例だった。同年六月に親藩の川越藩主松平直克が総裁職を罷免されたことで、加賀藩主前田斉泰、米沢藩主上杉斉憲とともに候補に挙がったのである。薩摩藩など西国の有力外様大名を牽制する意図が幕府にはあり、仙台藩はこれを固辞する。加賀藩や米沢藩も同様だった。

仙台藩が政局の表舞台に登場してくるのは大政奉還後である。慶応三年十月の大政奉還後、天皇をトップとする新政府で主導権を握ろうとした薩摩藩に対し、他藩は強く反発した。

十二月二十六日に、北は仙台藩から南は熊本藩まで国持大名と称される大藩の京都留守居役が集まり、慶喜への新政府（薩摩藩）の対応を批判する文章を作成したことは前章で述べた。この文書には仙台藩も連署したが、薩摩藩へのライバル意識が秘められていたのは言うまでもない。

大減封と家臣団の解体

しかし、鳥羽・伏見の戦いを機に事態は急展開する。

親藩・譜代・外様大名の別にかかわらず、西国諸藩は新政府に馳せ参じた。慶喜が恭順したことで東国諸藩も次々と新政府に帰順したが、東北・越後諸藩は仙台藩が主導する形で奥羽越列藩同盟を結成し、新政府との戦いに突入する。

奥羽越列藩同盟というと会津藩が注目されがちだが、その盟主は仙台藩だった。慶応四年七月十四日、仙台藩領の白石に同盟の本営たる奥羽越公議府（奥羽越同盟軍政総督府）が設置され、彰義隊に奉じられていた輪王寺宮が迎えられる。

前月の六月には奥羽北越同盟軍政総督府の名をもって「討薩の檄文」が発せられ、薩摩藩の討伐を呼びかけている。七月には、「薩賊」という表現で薩摩藩を糾弾する輪王寺宮の布告文も出された。

しかし、既に列藩同盟側は劣勢に追い込まれており、崩壊寸前だった。新政府軍が本格的に東北への侵攻を開始したことで、同盟諸藩は次々と軍門に降る。八月には新政府軍は仙台藩領にも攻め込んできた。

会津藩と同じく軍制の洋式化が立ち遅れていた仙台藩は劣勢を跳ね返すことができず、九月十五日に降伏を決意する。だが、徹底抗戦を主張する藩士たちは強く反発した。星恂太郎率いる額兵隊などは脱走し、十月八日から九日にかけて榎本武揚率いる旧幕府艦隊に同乗して蝦夷地へと向かう。彼らは榎本軍として五稜郭の戦いに加わることになる。

降伏後、藩主の伊達慶邦、世継ぎの宗敦、後に戦争責任者として処刑される但木土佐や坂英力たちは東京へ護送されていった。十二月七日、政府は仙台藩を改易に処して所領と仙台城を没収したが、同時に家名の再興を許し、新知として二十八万石を与えた。仙台城も与えた。差し引き、三十四万石の減封処分であった。

同十二日、慶邦の実子亀三郎（宗基）が相続を許されて藩主の座に就くが、数えでわずか三歳であった。よって、一門の伊達邦成（亘理伊達家当主）、伊達邦寧（水沢伊達家当主）が後見として補佐するよう政府は命じている。

新知として改めて与えられた二十八万石は、かつての仙台藩領の中央部である。陸奥国名取・宮城・黒川・加美・玉造の五郡と、志田郡のうち四十三カ村だ。その南部に位置する刈田・柴田・伊具・亘理・宇多の五郡は盛岡から転封予定の南部家の所領に充てられ、北部の諸郡は政府直轄地として松本・宇都宮藩など他藩に預けられた。

南部家の所領に予定された五郡については、同家が七十万両もの献金を政府に約束することで翌年七月に転封中止を引き出し、政府直轄地となる。白石県である。

仙台藩は所領が半分弱に減ったことで、藩士数の削減を余儀なくされる。御暇願いを出して農民となるよう奨励した。領内の山林や荒地を分与し、その地を開墾（帰農）させることで自活の道を促す。

藩士に与えていた所領や俸禄の削減も断行する。禄制改革という名のもと、高禄の藩士ほど大幅に減らし、小禄の藩士ほど削減率を縮小させることで家禄の平準化を目指した。

伊達家一門の十一家は合わせて約十四万石の所領を与えられており、藩士といっても一万～二万石クラスだったが、この禄制改革により、わずか六百四十三石の扶助米が支給されるだけとなる。一〇〇%に近い削減率だ。そのうえ、家臣（陪臣）の数は計九千人を超えており、家臣の召し放ちは必至だった。

帰農奨励と禄制改革は仙台藩だけでなく、減封処分を受けた諸藩に共通してみられる政策である。所領が大幅に減った以上、やむを得ない処置だったが、家臣団の解体が進行するのは避けられなかった。

鎮撫軍の派遣と藩内の粛清

帰農奨励による藩士数の削減、禄制改革という名の大幅な俸禄カットは、仙台藩を大きく揺るがす。これは仙台藩に限ったことではなかったが、仙台藩の減封率は半分を超えており、その影響は他藩よりも大きかった。

帰農した藩士には開墾地が与えられたが、もともとは農地に適さない荒地や山林である。開墾を断念して土地が放棄されるのは時間の問題だった。さらに、政府に召し上げられた所領地に土着していた藩士や家族・家臣たちが領内に大挙移住してくることで、食料不足も深刻化する。

藩内の動揺はさらに深まる。大減封を強いた政府への反発が強まるのは当然の成り行きだった。

降伏後も、政府への敵対姿勢を崩さない藩士は少なくなかった。領内を脱走して蝦夷地へ向かう藩士も後を絶たなかった。この頃、政府は蝦夷地を制圧した榎本軍を討伐する準備を進めていたが、その戦力増強に直結するような動きを看過できなかったのは言うまでもない。ついには、藩士の蝦夷地への脱走には一部藩首脳の暗黙の後援があるとの密訴まで飛び込んできた。

明治二年三月末、仙台藩の動向を危険視した政府は、大納言久我通久を総督とする鎮撫軍の派遣を決定する。蝦夷地に向けて派遣された討伐軍は青森に到着し、既に渡海準備をはじめていた。

政府が仙台藩を危険視したのは藩士の脱走問題だけではない。政府に抗戦した藩士や旧幕臣を変名させて召し抱えたことや贋金の鋳造などにも不審の念を抱いていたのだ。

四月三日、久我率いる鎮撫軍五百人余を乗せた船が品川から塩釜へと向かった。六日に仙台へ到着する。

今度こそ仙台藩は改易になってしまうのではと危惧した藩当局は藩士の脱走を抑え込むとともに、不穏な藩士の処分に踏み切る。自ら粛清を断行することで、仙台藩を滅亡の危機から救い出そうとしたのである。

四月十四日、奉行和田織部ら七名が切腹を命じられ、御家断絶となった。十七日、久我は一部の兵を残して東京に戻ったが、蝦夷地への上陸に成功していた榎本討伐軍は、この日、松前藩の福山城を奪還する。

五月十八日に榎本は降伏したが、翌十九日、藩主父子とともに東京に護送されていた但木土佐と坂英力は、戦争の最高責任者として斬首となっている。

六月二十九日、仙台藩はさらなる処分を断行する。大槻磐渓たち五十七名を御家断絶、禁錮、家財没収などの厳罰に処した。これにより、辛くも仙台藩は改易を免れたのである。

北海道の開拓

大きく揺れ動いていた仙台藩で藩内の粛清を断行したのは、後見職の伊達邦成である。政府の疑念は払拭できたものの、依然として藩内の動揺は収まらなかった。大減封による藩士のリストラ、俸禄の大幅カットの影響は大きかった。

そもそも、邦成自身が生計を立てる目途が立たないほどの窮状に追い込まれていた。伊達家一門で亘理伊達家の当主だった邦成は二万四千三百五十石の領主だったが、南部家の転封予定地に指定されてしまい、その所領を一気に失う。藩からはわずかな扶助米を受け取るのみであり、これでは大勢の家臣を召し抱え続けることなど無理であった。

そこで、邦成は蝦夷地への移住を目指す。蝦夷地を開拓することで自活の道を探ろうとしたのだ。その魁《さきがけ》となることで、自活への指針を身をもって藩内に示そうと決意する。実は、仙台藩には蝦夷地の開拓に取り組んでいた歴史があった。

江戸時代、幕府は蝦夷地の支配を松前藩に任せていた。開国後は開港場箱館に奉行を再置して自ら開拓に乗り出すが、外交や貿易事務に忙殺されて手が回らなかった。よって、仙台藩や会津藩などの東北諸藩が藩士を派遣して開拓に乗り出すが、日ならずして戊辰戦争に突入し、開拓は頓挫する。

五稜郭で最後まで政府に抵抗していた榎本が明治二年五月に降伏すると、政府は蝦夷地開拓に本腰を入れはじめる。同年七月に開拓使を創設し、八月十五日には蝦夷地を北海道と改める。新たな行政区画の誕生であった。

政府による北海道開拓の動きを受け、邦成は移住を願い出る。政府は邦成の申し出に応える形で、藩士や領民から北海道開拓の志願者を募って自費移住するよう仙台藩に命じた。同二十三日のことである。同じ日、邦成は自費移住を許可され、二十五日には有珠郡が下賜される。

十月二十日、邦成は下見のため有珠郡に赴く。三年（一八七〇）三月二十九日には、邦成率いる移住の第一陣二百人余を乗せた船が函館に向けて出帆した。邦成と家臣団は家財を処分して移住・開拓費に充てており、退路を断っての決死の入植であった。

四月十七日、下賜された有珠郡で最初の鍬が打ち下ろされる。邦成と家臣団の入植に続く形で、他の伊達家一門も家臣団とともに次々と移住していく。

政府は北海道の開拓に際し、全道の直接経営は無理と考えて諸藩に協力を求める。開拓使が直轄した土地は一部に過ぎず、水戸藩や佐賀藩など二十藩余、東京府、兵部省、増上寺などが入植して開拓にあたった。仙台藩（伊達邦成）はその魁となった形だ。

しかし、開拓は困難を極める。大半は開拓に失敗して入植地を返上するが、戊辰戦争の敗者として減封となった仙台藩をはじめ東北諸藩の藩士には帰る場所がなく、自活の道を求めて開拓を続ける。

なかでも、伊達邦成主従による開拓は目覚ましい成果を挙げる。翌四年までに千人余が移住し、有珠郡のほか室蘭郡で二百八町歩余の耕地が開拓された。当時、北海道に移住した入植団の開拓地は総計四百十六町余であり、その半分が邦成主従による開拓だった。

明治四年の廃藩置県後も移住は続き、その数は計二千七百人余にも達した。三十三年（一九〇〇）には邦成主従が開拓した村などを合わせて伊達村が誕生し、現在の北海道伊達市の礎が築かれることになる（仙台市史編さん委員会編『仙台市史　通史編6近代1』仙台市。渡辺茂編著『新稿伊達町史　上巻』三一書房）。

北海道開拓の歴史に仙台藩は大きな足跡を残すが、それは戊辰戦争で大減封を強いられた同藩が茨の道を歩んできた末のことなのである。

(3) 庄内藩の転封中止運動

薩摩藩との因縁

奥羽越列藩同盟の盟主であった仙台藩の苦難をみてきたが、列藩同盟は会津藩だけを救おうとしたのではなかった。出羽の庄内藩も新政府の討伐対象に挙げられたため、同藩の救済も目指す。しかし、会津藩が注目されるあまり、庄内藩をめぐる動向が戊辰戦争の叙述で取り上げられることはたいへん少ない。

戦後、庄内藩は減封のうえ、会津転封が命じられるが、政府に運動した結果、転封中止を勝ち取っている。これもほとんど知られていない事実だ。

会津藩の陰に隠れがちな庄内藩の維新後の歴史をみていこう。

藩主の酒井家は有力譜代大名で幕閣の要職に就くことも多く、幕府を支える大名の一人であった。庄内藩の表高は十四万石だったが、肥沃な庄内平野を所領としたため実高は二十万石を超えた。居城は鶴岡城だが、領内には全国有数の港町酒田があった。最上川が日本海に流れ込む河口に位置する酒田は、北前船の寄港地として日本海海運の一大拠点となり、数多くの商家や民家が立ち並ぶ港町として繁栄する。

海運による交易を通じて酒田の商人たちは財をなすが、なかでも本間家は最上や庄内産の米・藍・紅花・漆・蠟を大坂に積み出す一方で、上方の製品を庄内で売り捌き巨利を挙げた。その利益をもとに周辺の土地を買い上げ、全国有数の大地主に成長していく。

庄内藩はそんな本間家の財力に目を付け、藩政改革に協力させた。要するに、本間家に頼って財政難を乗り切ろうとしたのである。天保十二年（一八四一）から慶応四年までの間に調達させた御用金などは総額三十万両を超えたとされ、「本間様には及びもせぬが、せめてなりたや殿様に」という俗謡が生まれることになる。

文久三年（一八六三）、庄内藩は幕府から江戸市中の取り締まりを命じられる。幕末の政情不安を受け、江戸の治安が悪化したからだ。翌元治元年、同藩は市中取り締まりの功により十七万石に加増され、慶応元年（一八六五）には市中取り締まりを一手に担うようになる。幕府からは新徴組を預けられていた。

新徴組は、文久三年に庄内藩郷士清河八郎の建議を受けて幕府が結成させた浪士組にはじまる。ところが、浪士組を率いて上京した清河が尊攘派の志士と結んだため、幕府は浪士組を江戸に呼び戻して新徴組と命名し、市中取り締まりにあたる庄内藩の支配下に置いた。一方、江戸に戻らず、京都にとどまって守護職を務める会津藩の配下となった浪士組こそ、近藤勇を局長とする新撰組であった。

前章でみたとおり、慶応三年十一月頃より薩摩藩三田屋敷を根城とする強盗が市中を騒がし、市中取り締まりを任務とする庄内藩預かりの新徴組屯所まで発砲してくる事態となった。堪忍袋の緒が切れた徳川家は庄内藩などに命じ、三田屋敷を焼き討ちにかける。これが上方に飛び火し、鳥羽・伏見の戦いが勃発した。

やがて戦いに勝利した新政府は、慶喜とともに会津藩の討伐を布告する。当初、庄内藩は討伐の対象には含まれていなかったが、三田屋敷を焼き討ちにかけた以上、薩摩藩から目の敵にされるのは避けられない。征討軍が派遣されるのは時間の問題だった。

庄内藩は会津藩と同盟を結び、新政府軍の来襲に備えた。仙台藩を盟主とする列藩同盟も庄内藩救済のために立ち上がる。

会津転封

庄内藩の討伐を決意した新政府だったが、派遣した征討軍は各所で敗れ、逆襲に遭う。天童城や新庄城を落とした庄内藩兵は秋田藩領に深く攻め込み、秋田城下の近くにまで迫るほどの勢いを示した。

庄内藩は会津藩とは異なり、軍制の洋式化が進行していた。越後で善戦していた長岡藩と同じく、新式銃砲を装備した藩兵が活躍して新政府軍を苦しめたのだ。町兵や農兵も組織されていた。その軍事力は東北諸藩では群を抜いたが、それを可能にしたのが領内の豪農や豪商に賦課した御用金だったのである。

なかでも本間家の貢献は大きく、慶応四年だけで新式銃購入のため一万二千五百両を献納し、さらに六万両を用立てた。本間家が立て替えた鉄砲弾薬代も三万六千四百八十両に達した。

しかし、善戦虚しく、同盟諸藩が次々と降伏したことで庄内藩は孤立し、降伏を余儀なくされる。東京に護送された藩主酒井忠篤は謹慎を命じられ、政府の処分を待つ。

明治元年十二月七日、庄内藩は全所領を没収されて改易処分となるが、同時に家名再興を許され、新知として十二万石を与えられた。差し引き五万石の減封であり、五割を超えた仙台藩の減封率に比べると、三割弱にとどまる。忠篤の弟忠宝が酒井家の相続を許され、新藩主の座に就いた。

比較的寛大な処分だったと評価されるが、その陰には西郷の配慮があったという。鳥羽・伏見の戦いの前に庄内藩は三田屋敷を焼き討ちにしており、薩摩藩がその恨みを晴らそうと報復に出てくることを懸念していた。

運悪く、庄内藩討伐にあたったのは薩摩藩士で征討軍参謀を勤める黒田清隆だが、庄内入りした新政府軍の対応は予想に反して丁重だった。他の同盟諸藩とは異なり、降伏まで領内侵攻を許さなかった善戦ぶりを西郷も評価し、黒田をして丁重な姿勢を取らせたのだろう。そして処分も比較的寛大なものとなった。

しかし、庄内藩は五万石の減封にとどまったものの、同二十四日に転封を命じられる。転封先は陸奥国会津若松だった。会津藩は改易されて全所領が没収されたが、そのうちの十二万石を与えられたのである。港町酒田も取り上げられた。

驚愕した庄内藩はその中止を求め、政府への運動を開始する。そこでも本間家が果たした役割は実に大きかった。

転封中止を勝ち取った豪商本間家の財力

国替えは、当事者の藩にたいへんな負担をもたらした。藩主をはじめ大勢の藩士たちが家財道具をまとめて転封先へと引っ越すわけであり、その経費はすべて藩の持ち出しだった。

庄内藩は立藩以来、二百年以上にわたり転封されることなく酒井家が藩主として庄内の地に君臨していたが、約三十年前に国替えを命じられたことがある。天保十一年（一八四

○）十一月、幕府は庄内藩酒井家を長岡、長岡藩牧野家を川越、川越藩松平家を出羽庄内へ転封させる旨の三方領知替を発表する。

この三方領知替は、財政難に苦しむ川越藩が庄内への国替えを幕府に願い出て許可されたことがきっかけだった。藩主松平家は肥沃な庄内平野や港町酒田を抱える庄内藩領を手に入れることで財政難を克服しようと目論んだが、既得権を失う藩主酒井家は長岡転封に反発する。その余波を受けた長岡藩の藩内も動揺した。

酒井家は転封の中止を求め、前将軍徳川家斉の側近や大奥への工作を開始する。一方、領民たちは国替えに反対する一揆を起こした。領主交代による検地つまり負担増加への不安が大きな理由で、領民は国替えを阻止するため、江戸に出向き老中への駕籠訴まで敢行する。仙台藩など同じ東北諸藩にも転封中止を訴え出た。

やがて、諸藩の間でも今回の三方領知替を疑問視する声が渦巻きはじめる。庄内藩は徳川御三家も味方に付けて転封に激しく抵抗した結果、幕府は三方領知替の中止に追い込まれる。酒井家はそのまま庄内藩主として戊辰戦争を迎えることとなった。

よって、庄内藩は転封中止を勝ち取った前例を参考に、新政府への運動を開始する。一方、領民たちをして転封反対の運動を起こさせた。

明治二年一月十七日、庄内藩は藩士犬塚勝弥を京都へ向けて出立させ、それまでの庄内藩領のうちで十二万石を拝領したいと新政府最高実力者の三条や岩倉に願い出る。要するに転封中止ということだが、この時三条には二千両を献金したという。

その後、応援のため藩士戸田總十郎と白井吉郎、さらに重役俣野謙一郎に上京を命じた。二月十三日には、工作資金として一万五百六十一両を京都へ送金している。三条に工作する一方で、東京にいた黒田にも刀一振と百両を贈って周旋を嘆願したが、一連の工作資金の大半を負担したのがこれまた本間家なのである。

本間家も藩当局からの要請を受け、岩倉に転封中止を嘆願している。同家の菩提寺浄福寺が浄土真宗東本願派の寺院だったことを活用し、京都の東本願寺を介して働きかけたのだ。東本願寺の家老と岩倉は懇意の間柄だったという。

領内でも、農民たちが藩主酒井家のこれまでの善政を掲げ、引き続き庄内にとどまってほしいと政府の出先機関である酒田民政局に次々と嘆願している。酒田では「御永城祈願」という名の祈願も各町で執り行われた。酒井家には永久に居城鶴岡城つまりは庄内にとどまってほしいとの祈願だが、その裏では庄内藩が糸を引いていた。

本間家の財力や人脈にも支えられ、庄内藩が望んだとおり五月に会津転封は中止となる。ところが、六月に今度は磐城平への転封が命じられた。

驚いた庄内藩は転封中止の運動を再開させる。そこで決め手になったのが政府に差し出した七十万両もの献金だった。現在の貨幣価値に換算すれば数百億円にもなるが、庄内藩が調達できるはずもなかった。本間家が奔走して用意したのである。

その甲斐あって、七月二十二日に磐城平転封も中止となる。酒井家はそれまでの庄内藩領のうちで十二万石を与えられ、庄内藩主のまま廃藩置県を迎える（酒田市史編纂委員会編『酒田市史　改訂版下巻』酒田市）。

南部家の白石転封と盛岡復帰の代償

戊辰戦争の戦後処理として、庄内藩は減封のうえ会津若松そして磐城平への国替えを命じられたが、豪商本間家をバックにした豊富な資金力により、その撤回を勝ち取る。言い換えると、誕生したばかりの新政府はそれだけ財政が苦しかった。

庄内藩と同じく、献金により転封中止を政府に認めさせた藩がある。南部家を藩主とする盛岡藩だ。

盛岡藩は外様大名で石高は二十万石だが、列藩同盟の一員として政府から減封処分を受ける。明治元年十二月七日、藩主南部利剛は全所領を没収されて改易処分となるが、同時に家名再興を許可され、新知として十三万石を与えられた。利剛の長男利恭が相続を許されて新藩主の座に就くも、同二十四日に至り、同じ陸奥国白石への転封を通告される。

白石は仙台藩領だったが、同藩が政府から減封処分を受けた時に召し上げられ、南部家の所領に充てられた。庄内藩酒井家と同じく、南部家も国替えを命じられたのである。

そのため、南部家は転封中止を求めて政府への運動を開始するが、そこで決め手となったのがまたしても献金だった。七十万両の献金と引き換えの形で、白石への転封は中止となり、それまでの盛岡藩領のうちの十三万石を与えられる。盛岡城も与えられた。二年七月のことである。

だが、庄内藩は豪商本間家の財力に依存できたが、盛岡藩はそうはいかず、政府に約束した献金の捻出に苦しむ。藩士たちに家禄を返上させ、甲冑や家財道具までも売り払わせたものの、三年四月までに五万四千両を用意するのが精一杯だった。

政府は未納分の献金の代わりとして、三万四千石を差し出すよう命じる。いわば担保として召し上げようとしたが、窮した南部家は自ら廃藩を申し出る。これでは藩の財政が立ち行かないというわけだが、政府が三万四千石を差し出すよう命じたのも、実は南部家をして廃藩願を提出させるためであった。当時は、財政難を理由に廃藩を申し出る藩が増えていた。

翌五月、版籍奉還後に知藩事に任命されていた利恭は知藩事の免職願を提出する。七月に政府はこれを受理し、盛岡藩は消滅した。政府直轄地となった旧盛岡藩領は盛岡県となる。

会津藩のみならず、仙台藩など減封処分を受けた東北諸藩は戊辰戦争の敗者として茨の道を歩んでいた。その頃、薩摩・長州藩を主軸とする明治政府は中央集権国家の樹立に向けて邁進していたはずであった。

しかし、その前途はたいへん険しかった。次章以降でみるように、政府内の権力闘争や全国各地に起きた反政府運動を前に身動きが取れなくなるのである。

3 再びの薩摩藩と長州藩の抗争――台風の目となった大蔵省

(1) 薩長衝突の歴史

国政進出に鎬《しのぎ》を削る薩長両藩

プロローグで触れたように、明治政府を牛耳った薩摩・長州両藩には幕末の政局で激しく争った歴史があった。長州藩出身で初代首相となった伊藤博文は後年、両藩は過去の怨念を乗り越えて連合し、政府の基礎を固めてきたと述べたが、どんな怨念があったのか。薩摩・長州両藩の抗争史という側面もある幕末史を整理してみる。

ペリー来航前まで、幕政つまり国政を担っていたのは将軍の家来筋にあたる譜代大名と幕臣団（旗本・御家人）だった。徳川御三家や御家門と称された福井藩松平家、会津藩松平家といった徳川一門の親藩大名でさえ、原則として幕政には関与できなかった。薩摩藩島津家や長州藩毛利家などの外様大名に至っては言うまでもない。

ところが、幕府はペリー来航を機に、外交問題には挙国一致で臨むことが必要という考えのもと、親藩大名や外様大名が幕政に関与できる道を付ける。開国を求めてきたアメリカ大統領の将軍宛親書を諸大名に提示し、譜代大名に限らず広く意見を求めたのだ。

これが呼び水となり、親藩大名や外様大名が幕政の表舞台に登場しはじめるが、外様大名のなかで先陣を切ろうとしていたのが薩摩藩主の島津斉彬だった。具体的には、一橋慶喜を次期将軍に擁立することで幕政への進出を目指す。自分の息のかかった人物が将軍となれば、自ずから幕政への発言権も付いてくるはずだった。

しかし、この時慶喜の将軍就任は実現せず、斉彬も志半ばで急死してしまう。安政五年（一八五八）七月のことである。

その後、薩摩藩に代わって長州藩毛利家が国政の舞台に躍り出る。航海遠略策という開国策をもって、通商条約の破棄と攘夷の実行（破約攘夷）を求める朝廷を説得したいと幕府に願い出て、その許諾を得た。幕府と朝廷の間を斡旋（公武周旋）するという名目で、長州藩は念願の国政進出を実現する。

勅許を得ずに通商条約を締結したとして、尊王攘夷派の公家や志士に責め立てられていた幕府にとり、長州藩の提案は渡りに船だった。文久元年（一八六一）十二月、幕府は長州藩に朝廷への周旋を依頼するが、藩内では航海遠略策への反発が非常に強かった。結局のところ航海遠略策は破棄され、翌二年七月に「破約攘夷」が藩論となる。藩論の百八十度転換であった。

長州藩が公武周旋に乗り出したことは、他の有力外様大名に大きな刺激を与える。慶喜の将軍擁立という形で幕政進出を目指した薩摩藩などは先を越された形であり、最も刺激を受けたはずだ。

長州藩も薩摩藩と同じく外様の国持大名で雄藩の範疇に入るが、表高は薩摩藩の半分の約三十七万石に過ぎない。実高は百万石を超えたが、当時は表高が家格の基準であり、両藩の家格には明らかに差があった。島津家と伊達家は従四位上の近衛中将まで昇進できたが、毛利家は浅野家など他の国持大名と同じく、従四位下の近衛少将どまりだった。

こうした両藩の家格の問題も、政局の主導権をめぐる争いを激化させた原因だったのである。

文久三年八月十八日の政変

当時、薩摩藩を率いていたのは、前藩主斉彬の異母弟で現藩主茂久の実父にあたる島津久光である。久光は亡兄斉彬の遺志を継ぐと称し、幕政進出を目指した。

文久二年四月、薩摩藩兵千人を率いて京都に入った久光は朝廷の命に応じ、京都の鎮撫に尽力する。そのためには、藩士を上意討ちすることも厭わなかった。寺田屋事件である。

朝廷の信任を得た久光は勅使を奉じ、江戸へと向かった。その権威を後ろ盾に、七月には慶喜と福井前藩主松平春嶽を幕閣に送り込むことに成功する。両名を介して幕閣に意見を伝えるという形で幕政への進出を実現するが、その頃、久光不在の京都では長州藩が朝廷を牛耳りつつあった。

朝廷が強く望む攘夷の実行について久光は否定的な立場を取っていたが、逆に長州藩は破約攘夷を唱える尊攘派公家の後ろ盾に収まることで、政局の主導権を握る。藩論も破約攘夷に転換させ、薩摩藩と入れ替わる形で朝廷の信任も得た。

閏八月に久光は京都に戻るが、朝廷内は長州藩シンパの公家たちが勢いを増していた。もはや、攘夷に否定的な久光の主張が受け入れられる状況ではなかった。失望した久光は京都を去って帰国する。両藩の関係悪化は避けられなかった。

翌三年五月、尊攘派公家の代表格姉小路公知が暗殺されるが、現場に残された下手人の刀から薩摩藩に嫌疑がかかる。その結果、薩摩藩は御所の乾門警備の任を解かれ、藩士が御所の門内に入ることも禁じられた。長州藩をバックとする尊攘派公家たちはこの事件を利用し、薩摩藩を窮地に追い込むことに成功する。

時の天皇は明治天皇の父にあたる孝明天皇だが、天皇は攘夷主義者ではあるものの、三条実美たち尊攘派公家に朝廷での会議を仕切られ、その主張に振り回されることを嫌悪していた。そのため、三条たちの後ろ盾である長州藩にも同じく嫌悪感を抱く。

そんな天皇の意向を踏まえ、追い込まれていた薩摩藩は京都守護の任にあたる会津藩と連携して巻き返しをはかる。八月十八日にクーデターを敢行し、三条たち尊攘派公家を朝廷から追放し、長州藩を御所警備の任務から解いた。文久三年八月十八日の政変である。

長州藩は激しく反発するが、不意を突かれる形で御所から締め出され、天皇も奪われた。政治的敗北を認めざるを得ず、三条たち七人の公卿を擁して帰国の途に就く。薩摩藩と会津藩への憤りが藩内で噴出するのは避けられなかった。

禁門の変から薩長同盟へ

京都から追われた長州藩は巻き返しをはかり、藩兵を京都に向かわせる。一時は御所にまで迫ったが、薩摩藩の反撃を受けて敗北を喫し、国元へ逃げ帰った。元治元年七月の禁門の変である。

長州藩は御所に発砲した廉をもって朝敵とみなされ、幕府や薩摩藩などから構成される征長軍が組織される。第一次長州征伐のはじまりであった。

絶体絶命の窮地に追い込まれ、薩摩藩への憎悪も沸点に達した長州藩だが、禁門の変の責任者として三家老四参謀の首級を差し出すことで総攻撃は中止された。さらに、下関まで乗り込んできた征長軍参謀の西郷の説得に応じ、萩城から政庁が移されていた山口城の破却、藩主父子の自筆の謝罪状提出、長州藩に保護された三条たちの引き渡しという条件を呑んだことで、十二月に征長軍は解兵となる。

第一次長州征伐は終わり、かろうじて長州藩は滅亡の危機を脱することができた。こうして、長らく敵対関係にあった薩長両藩は、西郷の奔走で征長軍が解兵されたことを機に提携の道を模索するようになる。そのきっかけを作ったのは、皮肉にも幕府であった。

西郷は長州藩に先の三条件を呑ませることで征長軍を解兵させ、不戦のまま第一次長州征伐を終わらせたが、あまりに寛大な対応であると幕府は大いに不満だった。そこで、藩主父子や三条たちを江戸に召喚して人質に取ることで、二度と長州藩が幕府に刃向かえないよう目論む。

慶応元年三月には、長州藩がこの幕命に従わなければ将軍徳川家茂が江戸を進発する旨を諸藩に通達した。第二次長州征伐の予告である。四月には長州再征と将軍進発が布告され、五月に将軍家茂は江戸城を進発。閏五月に大坂城へ入り、長州征伐の本拠地と定めた。再び征長軍が組織される。

一連の幕府の動きに西郷は不満を募らせる。もとはといえば、不戦のまま征長軍を解兵させた西郷の処置への不満が長州再征の動機になっていたからだ。西郷は幕府と距離を置き、長州藩との提携の道を探りはじめる。

六月、西郷は武器購入の斡旋を長州藩に約束する。翌七月、薩摩藩は長崎のグラバー商会から大量に購入した新式の鉄砲を、坂本龍馬の亀山社中を通して長州藩へ転売した。長州藩は薩摩藩の協力を得ることで武備を充実させ、犬猿の仲だった両藩の関係は修復に向かう。

しかし、新式銃購入にあたった伊藤博文は桂小五郎（木戸孝允）に次のように報告する。西郷たちについては長州藩への憎悪は氷解したが、薩摩藩士の大半は依然として敵視していると。そうした事情は長州藩も同じだっただろう。

戦火を交えた両藩の深い溝はなかなか埋まらなかったが、朝敵に転落して孤立を深めていた長州藩としては、薩摩藩の援助はどうしても必要であった。幕府による長州再征も刻々と迫っていた。

慶応二年（一八六六）一月、薩摩藩代表の西郷と長州藩代表の桂小五郎が六箇条の盟約を結ぶ。世にいう薩長同盟である。

この盟約により、薩摩藩は長州藩に対して政治的復権のため尽力すると約束する。要するに、朝敵という賊名が取り除かれるよう朝廷工作を行うわけだが、政治工作だけでは無理な場合は、長州藩復権を阻む慶喜や会津藩との武力対決も辞さないとも約した。

薩長同盟というと、武力倒幕すなわち討幕のため薩摩藩が長州藩と運命をともにする軍事同盟のような印象が今なお強いが、それは事実に反する。薩摩藩が長州藩復権のため尽力し、そのためには慶喜や会津・桑名藩との交戦も最終的には辞さないという趣旨の盟約であり、はじめから慶喜たちとの武力対決を想定したものではない。そんな約束はしていない。討幕のための軍事同盟では全くなかった。

いわば覚悟を示しただけであり、西郷たちのリップサービスに過ぎなかった。つまりは約束にとどめたのだが、この盟約が追い風となり、薩摩藩による有形無形のバックアップを受けた長州藩が幕府との戦い（第二次長州征伐）に勝利を収めたのは事実である。

京都出兵をめぐる不協和音

慶応二年六月の将軍家茂の死を機に第二次長州征伐は終息に向かうが、その跡を継いで将軍となった慶喜と薩摩藩の関係は長州藩の処分などをめぐり険悪化していく。西郷たちは長州藩のほか広島藩との軍事同盟（上方共同出兵）により、慶喜を将軍の座から引きずり降ろそうと目論む。

武力による慶喜の打倒、すなわち討幕だ。雄藩連合による新政府の樹立を目指し、行動を開始する。

西郷や大久保は三藩の軍事力を京都に集結させようと計画するが、薩摩藩内では長州藩に対する反感が消えていなかった。共同出兵への反対論が噴き出た結果、薩摩藩兵の鹿児島出立は大幅に遅れる。

長州藩領三田尻港で合流して京都に向かうことになっていたのだが、到着が遅れたことで今度は長州藩が薩摩藩に不信感を抱く。共同出兵への慎重論が噴出し、薩摩藩兵を乗せた船が三田尻に到着する前に出兵中止を決めてしまう。慶応三年十月三日のことであった。

そもそも長州藩内では、出兵自体が危険な賭けであるとして慎重な意見が多かった。彰義隊の戦いで名を上げることになる大村益次郎も慎重派だった。禁門の変の轍を踏みかねない。

両藩の足並みはなかなか揃わなかった。互いの不信感を拭い去ることは難しかった。

両藩の足並みが揃わぬまま、同月十四日には慶喜が大政を奉還して幕府を消滅させてしまう。朝廷のもとに新政府が樹立される運びとなるが、事態の急転を受けて三藩の共同出兵計画も復活。三藩の藩兵は上方へと向かった。

薩摩藩は軍事力を京都に集中させることで朝廷にプレッシャーをかけ、長州藩の復権を勝ち取ることに成功する。長州藩は朝敵の汚名を雪ぎ、剝奪されていた藩主父子の官位も復旧。京都に入ることも許され、御所の門の警備につくこととなる。

そして王政復古のクーデターにより、薩摩藩は慶喜や会津・桑名藩を排除した形で新政府を樹立させる。同年十二月九日のことであった。

それから一カ月を経ずして、薩摩・長州藩は倍以上の兵数を誇る徳川勢と京都南郊の鳥羽・伏見で激突する。慶応四年正月三日に開戦となった鳥羽・伏見の戦いだ。

薩摩藩の兵数は二千八百人強。長州藩は千人。実戦経験の豊富な練度の高い銃隊であったものの、薩摩藩の半分にも満たなかった。長州藩の動員可能兵力は薩摩藩と同じく一万人を超えており、主力は国元に温存した形の出兵だった。

実は長州藩も瀬戸内海沿いの備後尾道までは、別に千七百人ほどの藩兵を後詰の形で進ませていた。状況次第では上方に向かう構えではあったが、鳥羽・伏見の戦いには参戦していない。しかし、薩長両藩が勝利すると、尾道駐屯の長州藩兵は時を移さず、譜代大名の阿部家が藩主を勤める福山藩を攻撃している。

つまり、長州藩としては敗北した場合に備え、京都に送った兵数を減らしたと言えなくもない。藩内では出兵反対論が強かったが、両藩の足並みの乱れも透けてくる数字である。

寛刑の薩摩藩、厳刑の長州藩

鳥羽・伏見の戦いは徳川勢が薩摩・長州藩を甘く見たことに加え、指揮が混乱して統制が取れなかったことで、両藩の勝利に終わる。今度は慶喜が朝敵に転落した。

慶喜追討を呼号する西郷率いる東征軍は江戸に向かい、江戸城総攻撃を企図するが、その前日にあたる三月十四日、西郷が徳川家代表の勝海舟に大きく譲歩して総攻撃を中止してしまう。四月十一日、江戸城は新政府に引き渡された。

この後も、西郷は徳川家への処分を寛大なものにするよう主張したが、長州藩代表の木戸はこれに強く反発する。概して長州藩には厳刑を主張する傾向がみられたが、寛刑を主張する傾向が強かった薩摩藩への対抗意識があったことは否めない。

薩摩藩の尽力により長州藩の復権が実現した経緯があり、明治政府は薩摩藩主導で動かされる場面が少なくなかった。長州藩としても薩摩藩には遠慮せざるを得なかったが、藩内ではこれに反発する動きが収まらなかった。薩摩藩と抗争してきた経緯もさることながら、長州藩ほどの犠牲を払わずして維新の勝者になったことへの嫉妬があったのだろう。

戊辰戦争でも、長州藩は薩摩藩と比較すると出兵に消極的だった。政府に出仕した藩士への反発も強かった。そのため、木戸などは藩内の反発を慮って政府に何度か辞表を提出したほどである。

当時、京都にいた木戸が徳川家に対する寛大な処分に反対し、西郷に代わって軍事指揮権を掌握した大村益次郎が江戸で彰義隊の武力鎮圧を断行したのも、政府が薩摩藩に主導されている状況への反発が底流にあった。

木戸に代表される長州藩は薩摩藩への対抗意識から徳川家処分問題では強硬論を唱え、政府内で主導権を発揮しようと目論むが、そうした政治姿勢が両藩の対立を再燃させてしまうのは時間の問題だった。第1章で取り上げた明治天皇の東京行幸では反対する公家たちを共同して抑え込んだが、これからみていく版籍奉還では意見の対立が露わになるのである。

(2) 版籍奉還をめぐる対立

豪族政治から天皇親政へ

王政復古の名のもと、日本の政治体制は源頼朝以来の武家政権から天皇親政へと移行したが、幕府が倒れた後、天皇親政がすぐに実現するとは思われていなかったようだ。

渋沢栄一といえば明治を代表する経済人で日本資本主義の父だが、幕末に慶喜の家臣として奔走したことはあまり知られていない。西郷とも京都で出会い、敵対する関係でありながら胸襟を開いた関係でもあった。明治政府にも入り、近代化を牽引することになる。渋沢が晩年に回顧したところによれば、「豪族政治」つまり雄藩連合という形態を取ってから天皇親政に移行すると当時は信じられていた。豪族政治とは、薩摩藩や土佐藩などの有力諸藩つまり雄藩大名による政治だ。雄藩連合である。

幕府の倒れた後直ちに今日のやうな御親政にならうとは夢にも思はなかった。今になって考へると誠に恐懼に堪へぬ次第である。当時の形勢からすれば、幕府の倒れた後には当分の間豪族政治のやうなものになって、薩州とか土州とか其他の有力な藩が集まって、天下の政治を行ふ事になるだろうと信じたやうである。何故直ちに御親政に復古する事を予想しなかったかといふに、朝廷には兵力といふものが少しも無い、従つて討幕には勢ひ諸藩の兵力を必要とする、諸藩の兵力を借りて幕府を倒すとするならば、其の雄藩の大名が寄り集まつて政治を取るやうになるのは必然の帰趨である。されば一藩の力を以て討幕の大事業を行ふ事は不可能であるから、徳川幕府が倒れた後更に別の幕府が出来やうとは考へなかつたけれども、一時的の現象として、朝廷直属の下に豪族政治が出現するだろうと予想したのであつた。

幕府が倒れた後、豪族政治の時代が到来するとみた理由を、渋沢は次のように述べる。

朝廷には軍事力がない以上、雄藩が連合しなければ幕府は倒せない。となれば、その後の国政を主導するのは豪族という名の薩摩藩島津家などの諸侯となるはずだ。

そう思っていたのは渋沢だけではない。渋沢によれば、親交があった西郷にしても同じ考えだった。というよりも、それが当時の常識だった。

ところが、実際は天皇親政に直接移行し、島津家や毛利家が国政を主導することはなかった。以後みていくように、豪族の家臣である西郷・大久保・木戸たちが天皇親政の名のもと、主君たる大名を排除する形で国政を主導してしまう。

従来の明治維新史の叙述では、薩摩・長州藩士が明治政府を動かすようになったのは当然のように描かれるきらいがある。だが、渋沢の言葉を借りれば、豪族政治を経ずに、急転直下天皇親政に移行したのは、「時の勢ひ」の成せる技だった（渋沢栄一述『青淵回顧録上巻』青淵回顧録刊行会）。

当時の人はそう考えていたのであり、こうしたリアルタイムでの証言はもっと注意されるべきだ。

排除される諸大名

王政復古のクーデターで新政府が誕生した際、総裁・議定・参与の三職が設けられる。総裁は有栖川宮で、議定は公卿と大名、参与は公家と藩士だった。公卿とは三位以上の公家のことで、大臣や大・中納言、参議などに任命される上級公家のことである。

五藩の連合政権として誕生したため、当初議定には五藩の藩主クラス、参与には五藩から藩士が三名ずつ選任されたが、鳥羽・伏見の戦い後には長州藩主毛利敬親の世子元徳や佐賀藩主鍋島直正も議定に任命される。五藩の連合政権から薩長土肥四藩の政権としての色合いをみせはじめ、参与にも長州藩士や佐賀藩士が加えられた。一方、尾張・福井・広島藩は政権の中枢から外されていく。

三職で構成される会議が最高意思決定機関だったが、議定の大名からしてみると、家臣である参与と会議で同席することには抵抗があった。

将軍は消滅したとはいえ、当時は大名をトップとする身分秩序が強固に維持された時代だ。幕府倒壊後に豪族政治の時代がやってくると考えられたのは、主従関係にあった大名と家臣の間にはしっかりと線が引かれていたからである。その関係を逆転するのは下剋上であり、叛逆に他ならなかった。

将軍に代わって豪族政治、つまり有力大名による連合政権の時代が来ると諸大名も思っていただろうが、実際は国政の場から大名は排除され、家臣たる藩士が天皇のもとに国政を主導する。その流れは、五箇条の御誓文が発せられた時からはじまっていた。

東征軍による江戸城総攻撃予定日の前日にあたる慶応四年三月十四日、京都では天皇が公家や諸大名を従え、天地神明に誓う形で五項目にわたる政治理念を宣言する。五箇条の御誓文だ。

よく知られているように、その第一条は「広ク会議ヲ興シ万機公論ニ決スベシ」だが、土佐藩士で参与の福岡孝弟が作成した文面では「列侯会議ヲ興シ万機公論ニ決スベシ」となっていた。諸大名をメンバーとする会議（列侯会議）が国政をリードするという趣旨だったが、当時、総裁局顧問として政府入りした木戸孝允が「列侯」という文言を削除したのである。国政から諸大名を排除したい意図が込められていたのは想像するにたやすい。

第二条以下では、公家も武家も心を一つにして治国済民の方策を施さなければならない。旧来の悪習を打破して知識を世界に求め、天皇による治世の基礎を奮い起こさなければならないと宣言され、その趣意に基づき心を合わせて努力することが謳われた。

こうした御誓文の内容に違反しないよう、公家や諸大名には誓約書への署名が求められる。五月四日までの間に、合わせて五百四十四名が署名している。

四月十二日、御誓文の趣意に則り政令を速やかに変革するよう政府は諸藩に布告した。

時勢に合わないものは廃棄せよ。門閥制度を打破して賢才を登用せよというのだ。十四日には誓約書に署名した在京中の諸大名に対し、帰藩の上、誓文の趣意を遵守しつつ藩政改革に取り組むことを命じた。

閏四月二十一日には、政体書が発せられる。

鳥羽・伏見の戦い直後、三職のもとに内国事務・外国事務など行政七科（課）が設けられた。その後、総裁局が新設されて八局に改変されたが、御誓文の趣意に沿って官制改革を断行するため政体書が発せられたのだ。これに基づき、次のとおり組織が改変される。

まずは、有栖川宮が東征大総督に転じたことで空席だった総裁職が廃止され、輔相が新設される。天皇を補佐して行政を総攬する輔相に任命されたのは、議定から副総裁に転じていた三条実美と岩倉具視である。議定と兼務の形だ。

欧米諸国の三権分立の考え方に則り、先の八局は議政官・行政官・会計官・刑法官・軍務官・外国官・神祇官の七官に改変される。立法府にあたるのは議政官。行政府にあたるのが行政官・会計官・軍務官・外国官・神祇官の五官。司法府にあたるのは刑法官である。各官には知事・副知事・判事が置かれ、知事・副知事には公卿や大名が任命されたが、判事以下は公家や藩士が登用された。

議政官は上局と下局からなる。上局は議定と参与、下局では諸藩から推薦された貢士が議員を務めた。アメリカの政体を参考にして、二院制議会の形が取られたのだ。後に貢士は公議人と改称され、諸藩の代表者として藩論を展開することになる。

地方については、府・藩・県の三つに区分した。いわゆる府藩県三治体制である。府・県は政府の直轄地に置かれ、幕府が町奉行所を置いた江戸には東京府、京都には京都府だ。幕府代官所があった全国各地の幕領には県が置かれた。長である府・県知事には、公家や藩士が任命され、伊藤博文が兵庫県知事に任命されたのはその一例である。

薩長土肥四藩による版籍奉還の申し出

政府は欧米に対抗できる中央集権国家を樹立するため、この後も官制改革を繰り返すが、大きな壁として立ち塞がっていたのが藩である。中央集権を実現するには、諸大名が各自の所領を分割統治する封建制から中央政府が全国を郡県に区分して直接統治する郡県制への移行が不可欠だった。

日本全国の石高は約三千万石。そのうち幕府から没収した政府直轄地（府・県）は八百万石に満たず、日本全土の三割弱ほどに過ぎなかった。そのため、残り七割強の土地と人民を支配する諸大名（藩）の領主権を取り上げて直接支配に置くことが焦眉の課題となる。

政令一途の実現には廃藩置県は避けられなかったわけだが、諸大名の反発は必至だった。

よって、版籍奉還、廃藩置県と二段階を踏むことで郡県制への移行を目指す。慶喜が大政を朝廷に奉還したように、まずは諸大名をして各々の領地（「版」）と領民（「籍」）を返上させようとした。これが版籍奉還である。

版籍奉還の動きは、大政奉還直後からはじまっていた。慶応三年十一月、洋行経験があった薩摩藩士寺島宗則は藩主島津忠義に版籍奉還を献策している。鳥羽・伏見の戦い後の翌四年二月には、忠義が朝廷に薩摩藩の所領十万石を返上すると願い出た。もともとは朝廷からの預かりものという論理のもと、すべて奉還すべきではあるが、まだその時期ではないとして一部返上すると願ったのである。

長州藩でも同様の動きが起きていた。同年二月に木戸が政府首脳の三条と岩倉に版籍奉還を建議したが、閏四月以降は藩主毛利敬親にも説き、薩摩藩との交渉を許される。天皇が東京行幸に出発する直前の九月十八日、木戸は薩摩藩代表の大久保と版籍奉還について合意する。土佐藩代表の後藤象二郎にも版籍奉還を説いている。

そのうえで、翌明治二年一月十四日、京都で薩摩・長州・土佐三藩の会合が持たれ、薩摩藩から大久保、長州藩から木戸の同志である広沢真臣、土佐藩からは板垣退助が出席した。そして三藩主連名で土地・人民を朝廷に返上する旨の建白書を提出することが合意される。

会合には参加しなかったものの、三藩は佐賀藩士の大隈重信と副島種臣を介して肥前佐賀藩にも働きかける。議定として政府入りしていた藩主鍋島直正は要請を受け入れ、三藩から四藩連名の建白書の提出となった。雄藩の佐賀藩も引き込むことで、版籍奉還の流れを加速させたい意図が秘められていた。

佐賀藩に声を掛けたのは、戊辰戦争の勝利に大きく貢献した同藩の卓越した軍事力が魅力的だったからだ。その象徴こそ、彰義隊の戦いや会津若松の攻城戦で威力を発揮した長大な射程を持つアームストロング砲である。

ここに、王政復古のクーデター時の五藩から薩長土肥四藩が主導する政権への移行が決定的となる。広島・尾張・福井藩の影響力はさらに低下していく。

同二十日、薩摩・長州・土佐・佐賀四藩の藩主から土地・人民を返上する旨の建白書すなわち版籍奉還の上表が朝廷に提出された。

王政復古により、天皇が万機を親裁する体制となった。その体制を確立するには、すべての土地と人民を天皇の所有にしなければならない。土地と人民の奉還を願い出るので、改めて諸藩の領地を改定していただきたい。さすれば、すべてが天皇のもとに統一され、諸外国と肩を並べることができる。

四藩の上表が呼び水となり、諸藩は版籍奉還の上表を次々と提出する。

版籍奉還とは大名が領地と領民を自ら返上するものである。大名側にメリットはないはずだったが、戊辰戦争を通じて藩主の威信が著しく低下するという深刻な事情が、大名をして奉還願に走らせた。

戊辰戦争において、戦場で自ら陣頭指揮を執った藩主はいなかった。藩主なしで藩士たちが戦い抜いたことで、もはや軍事統率者としての藩主の存在意義はそこにはなかった。さらに、刀槍ではない最新式の銃砲による集団戦闘を通じて、それまでの身分や家格に基づく家臣団編成が意味を失う。こうして、藩主をトップとする藩の身分秩序が崩れていく。

江戸時代には将軍の代替わりごと、諸大名宛に領知朱印状が発給されることで、その在職期間中の所領の領有が保証されるシステムが取られていた。よって、諸大名は版籍を奉還することで、領知朱印状に代わるものが発給されることを大いに期待する。将軍に代わって天皇から領有を保証してもらおうとしたのだ。

天皇から藩主としての身分を保証してもらうことで、自己の威信を回復し家臣団の引き締めをはかろうという目論みが諸大名にはあった。その辺りの心理を見透かしたうえで、大久保や木戸たちは版籍奉還の挙に打って出る。

しかし、版籍奉還には合意したものの、その後の対応については同床異夢であった。やがて薩摩藩と長州藩の思惑の違いが露わになるのである。

政府の混乱と官吏による要職の公選

薩長土肥四藩が版籍奉還の上表を提出する直前の明治二年正月十八日、政府は国是に関する会議を開催するとして、四月中旬までに東京へ集まるよう諸大名に命じた。二月十八日、天皇の東京再行幸の出発日を三月七日と告げ、同二十四日には天皇が東京滞在中は政府の最高機関である太政官を移し、京都には留守官を置くと布告した。三月二十八日、天皇は東京に到着し、皇居東京城に入った。

天皇に随行してきた公家や官吏に加え、諸大名や藩士たちも東京に集結してきた。ところが、輔相の三条によれば、政府内は統一が取れておらず瓦解の危機に直面していた。

戊辰戦争での勝利という目的のもと、諸藩や公家の寄り合い所帯である政府は何とかまとまっていたが、当時は五稜郭の戦いを残すだけとなり、戦争の終結は時間の問題だった。共通の目的がなくなったことで政府内の意思統一が取れなくなっており、要人や官吏が各自の思惑で走り出していた。その結果、船頭多くして船山に上る状況に陥ったのである。

政府の各役所には一致協力する姿勢がみられず、互いに不信感を持つ状態であった。そのため、官吏も職務を担当する気力を失ってしまう。東京にいた三条はこうした状況を指して瓦解寸前の危機と嘆いたが、政府を主導してきた岩倉、大久保、木戸が揃って東京を不在にしていたことも大きかった。

この頃、薩摩藩の最高実力者島津久光と長州藩主毛利敬親に上京を促すため、薩摩・長州両藩には勅使が派遣されている。国是に関する諸侯会議の開催に際しては久光と敬親にも上京してもらうことで、引き続き両藩が政府の主導権を握ろうという大久保や木戸たちの思惑が背景にあったが、失敗に終わる。久光と敬親は京都に赴いて御所に参内したものの、東京には向かうことなく、病気と称してそのまま帰国してしまう。

次章で詳しくみていくが、戊辰戦争の勝者にはなったものの、両藩とも政府への不満が渦巻いていたうえに、政府入りした大久保や木戸への反発が藩内では強かった。次章で述べるとおり、この時、大久保は勅使に随行して鹿児島に赴いているが、藩内の空気は非常に冷ややかだった。

岩倉、大久保、木戸が不在の東京では、強いリーダシップをもって政府内の混乱を収められる人物がいなかった。ますます混乱は深まるが、東京での行政事務を任された議定の東久世通禧と参与の後藤象二郎が辣腕をふるっていたことも混乱に拍車を掛ける。

行政の実務に疎い三条では歯止めがかけられなかったが、提携したはずの土佐藩が台風の目になっていたことは薩摩・長州両藩に疑念を抱かせる。土佐藩は政府内で主導権を握ろうとしているのではないか。薩長土肥といっても、薩長と土肥の間には溝があったことは否めない。

藩主を議定として政府入りさせた他の雄藩も、政府を主導する薩摩・長州両藩への不満が藩内にはくすぶっていた。両藩に代わって政府の主導権を握ろうという動きだ。さらに、天皇の東京行幸や再行幸を推し進める両藩には公家たちも反感を隠し得なかった。

事態を危険視した三条は岩倉・大久保・木戸に対し、至急東京へ来るよう促す。三者は京都で対応を協議し、四月二十四日に岩倉と大久保が東京に到着する。政府内の混乱を収めて薩摩・長州両藩が主導権を握り続けるため、まずは人事に手を付ける。

五月十三日、政府は前年閏四月に布告した政体書を改正し、官制改革を再び断行する。議政官が廃止され、輔相・議定・参与で構成される行政官の下に神祇官・会計官・軍務官・外国官・刑法官・民部官などが置かれた。そして輔相・議定・参与の数に定員を設け、三等官の官吏による選挙を通して議定と参与の数の絞り込みをはかる。

議定と参与の数が増えすぎたことも政府内の混乱の大きな要因になっていたからだ。三等官とは中央政府では判事以上、県では知事である。

同日の選挙で、三条が改めて輔相に選出されたが、翌十四日の選挙で議定に選ばれたのは岩倉・公卿の徳大寺実則・鍋島直正の三名。参与は大久保・木戸・後藤・副島・由利公正・東久世の六名だった。各官の知事や副知事も改めて選挙で選ばれた。

改正政体書に基づく選挙により、議定だった諸大名や公卿の多くは免職となり、麝香《じゃこう》の間祇候《ましこう》か他職に追いやられた。麝香間祇候とは、皇居内に置かれた麝香間へ隔日に伺候し、国事の諮問に応じる者のことだが、名誉職に過ぎず実権はなかった。

実務能力に乏しいうえに、薩長両藩主導の政府に不満を持つ諸大名や公卿は敬して遠ざけられた。薩長土肥以外の藩から任命された参与も、福井藩士の由利以外は免職となった。

もちろん、選挙といっても政府首脳の三条・岩倉・大久保・木戸たちの意向を忖度した投票だったことは明白だろう。というよりも、選挙という手段を通して薩長両藩主導の政府に批判的な諸大名や公卿を政権中枢から遠ざけ、権力基盤の強化をはかったのである。

知藩事の世襲制をめぐる大久保と木戸の対立

薩長両藩の次の課題は、版籍奉還後の藩主の処遇を決めることである。

五月二十一日から二十五日にかけて、親王、公家、麝香間祇候の面々、諸大名、五等官以上の官吏に対して国是に関する諮問がはじまる。その一つに藩主の処遇に関する諮問があった。

旧姫路藩邸内に設けられた公議所でも、諸藩を代表する公議人たちが今後の国家制度についての見解を開陳していた。封建制のままにするのか、郡県制を採用するのか。藩主の処遇と密接に関連するテーマだったが、封建制維持を主張する藩と郡県制の採用を主張する藩の数はほぼ拮抗していた。

このように、諸大名や官吏たちの意見も集約したうえで、藩主の処遇が政府内で議論されていく。

当初は、藩を州と改める案が有力だった。大藩を単位に州を置き、十万石以下の小藩は数藩集めて一つの州とし、それぞれ州知事を任命する案だが、藩の名称は結局残されることになる。

しかし、藩主の処遇については、大久保と木戸で意見が真っ向から対立する。版籍奉還では合意したが、その後の対応まで詰めていなかったことが仇となった。

大久保は諸藩の反発を懸念し、藩主をそのまま知藩事つまり知事に任命して世襲とするよう主張した。急激な変化を望まない薩摩藩の意向を受けての主張だったが、木戸は世襲制に強く反対する。これでは名称を変えただけに過ぎず、封建制のままというわけだ。薩長対立の図式の再現である。

六月十二日の会議で、いったん世襲制が内定する。憤激した会計官権判事の伊藤博文は抗議の辞表を提出してしまう。

最終的には大久保と木戸の主張を折衷する形で、藩主はそのまま知藩事に任命されるものの、世襲は否定されて政府任命の地方長官の扱いとすることで決着した。

六月十七日、政府は諸藩から提出されていた版籍奉還願を受領し、藩主をそのまま知藩事に任命する。諸大名は引き続き土地と人民の支配を認められたが、領主権自体は取り上げられる。藩主は世襲だが、知藩事は政府が人事権を握っていたからだ。そのため、将軍から発給された領知朱印状のような領有の保証書も天皇から発給されることはなかった。

版籍奉還直後の六月二十五日、政府は諸藩に対して石高・物産・税高・人口・戸数などを調査して報告するよう命じる。これにより、政府は秘密のヴェールに包まれていた藩内の状況を掌握できるようになった。財政面では知藩事の家禄を藩の歳入の一割と定め、藩財政にも介入しはじめる。

版籍奉還後、藩首脳部を構成する執政・参政は大参事、権大参事、少参事という職名に改められたが、これら参事職は任免に政府の許可が要件となる奏任官と位置付けられた。藩首脳部の人事権まで政府に握られたのだ。

さらに、政府が藩士を登用する場合も藩に問い合わせることはなくなる。否応なく藩主と藩士の意識も変質し、藩の解体が進行していく。

諸藩に対する政府の統制力は格段に強まるが、不快感を持つ大名は少なくなかった。その代表格こそ、政府最大の敵となる薩摩藩の最高実力者島津久光だったのである。

(3) 兵制改革をめぐる対立

長州藩士大村益次郎と薩摩藩

天皇親政を目指す政府にとり、その裏付けとなる直属軍の強化は焦眉の課題であった。朝廷が軍事力を持っていない以上、幕府が倒れても天皇親政はすぐには実現しない。自前の軍事力を持つ雄藩が国政を主導する豪族政治（雄藩連合）の時代となるという見方が支配的だったことは、先に渋沢栄一が指摘したとおりである。

政府が諸藩からの版籍奉還願を受領した直後の六月二十一日、岩倉は薩摩・長州・土佐藩から一個大隊ずつを政府軍に編入し、その強化をはかる案を提起した。この問題は政府が今後取るべき兵制の問題とも関わっており、兵制改革の議論も政府内で開始されるが、岩倉が政府軍への編入を提起した理由はもうひとつあった。

次章で詳述するが、財政難に苦しむ諸藩は戊辰戦争により膨れ上がった兵員の削減に着手していく。だが、切り捨てられた兵士は当然ながら不満を持つ。やがて、長州藩では脱隊騒動が勃発して内戦状態に陥る。

自藩で賄い切れなくなった兵員を少しでも政府が引き取ろうという意図が、政府軍への編入案には隠されていたのだ。政府軍が強化されるだけでなく、三藩の財政負担が軽減される一石二鳥の妙案だったが、長州藩士で軍務官副知事の大村益次郎は強く反対する。

大村は木戸の信任を得て藩の軍制改革を推進し、第二次長州征伐では長州藩の勝利に大きく貢献した人物である。自身も石州口の参謀を務め、石見浜田城を落城させる軍功を挙げる。

鳥羽・伏見の戦いに先立つ京都出兵では慎重論を唱えたことは既に述べた。鳥羽・伏見の戦い後、京都に出てきた大村は陸海軍の事務を統括する軍防事務局で実務を担う判事に任命される。同役には薩摩藩士吉井友実たちがいた。

四月二十七日、大村は大総督府参謀として海路江戸へ向かう。閏四月四日、江戸に到着したが、同じく大総督府参謀の西郷の意を受けて徳川家への融和路線を取る薩摩藩士海江田信義たちと激しく対立する。

既に江戸城の無血開城は実現していたものの、新政府への敵対姿勢を崩さない幕臣たちが彰義隊を結成して上野寛永寺に籠もっていた。江戸市中の治安維持を徳川家に任せるなど、西郷が穏健な対応を取ったことも彰義隊の勢いを加速させていた。

現状を危険視した大村は彰義隊の討伐を企図するが、徳川家への融和路線を取る薩摩藩の反対に遭い、大総督府内で浮いた存在となる。大村と薩摩藩との因縁はここにはじまる。

孤立した大村は京都への帰り支度をはじめたほどだったが、そこに徳川家への融和路線に批判的な補相の三条が関東監察使として江戸に下ってきた。これを機に、大村は大総督府の軍事指揮権を掌握する。西郷から奪った形である。

五月十五日、大村は一日も要さずに彰義隊を鎮圧する。その勢いで、政府は徳川家の駿河移封を断行した。

引き続き、大村は奥羽越列藩同盟との戦いを指揮し、東北・越後の平定にも成功した。その軍功が評価され、十月二十四日には軍務官副知事に任命される。知事は仁和寺宮であったため、大村は事実上軍政の最高責任者の地位に就いたことになる。

明治二年五月十八日に五稜郭に籠もっていた榎本たちが降服して戊辰戦争が終わると、大村は兵制改革に取り組む決意を固めるが、再び薩摩藩と激しく衝突する。今度の相手は大久保であった。

国民皆兵論をめぐる薩長の衝突

六月二十一日より岩倉の提起ではじまった藩兵の編入問題と兵制改革の議論は、二十五日まで続いた。

かねてより、大村は欧米列強をモデルに国民皆兵による政府軍の創設を目指していた。

長州藩は武士のみならず、農民も兵士として動員することで幕府との戦いに勝利しており、その実績に基づき国民皆兵論を唱えた。

幕府との戦いでは武士（藩士）から構成される正規兵も奮闘したものの、奇兵隊など諸隊が挙げた軍功はそれ以上だった。諸隊とは、足軽・中間などの下級武士や町人・農民などの庶民を主体とした軍隊のことである。身分の別にかかわらない軍隊が長州藩の軍事力を支えており、戊辰戦争でも軍功を挙げる。

大村の国民皆兵の構想とは、そんな長州藩の実績を日本全国に推し進めようというものだった。木戸の賛同も得ていた。

よって、徴兵による国民皆兵を目指す大村の立場からすると、そもそも武士のみを政府軍に編入することには抵抗を感じざるを得ない。さらに、三藩の藩兵を政府軍に加えることで、戊辰戦争を勝利に導いた薩摩・長州・土佐藩の意向に左右されることも危惧した。政府は藩兵に頼らず、自前の直属軍を持つべきであるとしたのだ。

しかし、大久保は農民を政府軍に加えることに反対する。武器を持って戦場に出るのは武士の専売特許だった以上、農民に武器を持たせて兵士とすることへの反発を危惧したのだ。町人や農民に武器を持たせたところで、果たして戦力になり得るのかという疑念もあった。

政府が今後取るべき兵制をめぐって、大久保と大村は激論を展開する。大村の同僚だった吉井友実が大久保を援護し、木戸は大村の意見を支持した。政府軍への編入問題は兵制改革すなわち国民皆兵論をめぐる薩長両藩の対立に発展していく。

激論の末、大村の反論は退けられる。岩倉が提起したとおり三藩の藩兵が政府軍に加えられることが決まった。農民を政府軍に加える構想も先送りにされ、国民皆兵に向けて進められていた大村の兵制に関する構想は凍結される。

憤激した大村は辞表を提出する。これを受け、大久保は後任に板垣を据えようとするが、今度は木戸が反撃する。

折しも、版籍奉還願の受領に伴う官制改革が迫っていた。大村は木戸の説得を受ける形で、軍務官の廃止に伴い新設された兵部省に大輔として出仕することになる。今度は兵部大輔として念願の国民皆兵を実現しようとしたが、その日を見ることはなかったのである。

大村横死の背景

七月八日、政府は官制改革を断行する。輔相・議定・参与を廃止し、二官（神祇官・太政官）六省（民部・大蔵・兵部・刑部・宮内・外務）を設置した。

太政官トップの右大臣には輔相だった三条実美、その下の大納言には元議定の岩倉具視と徳大寺実則、そして太政官を統轄する参議には元参与の副島種臣に加えて、長州藩士の前原一誠が任命された。約二週間後に大久保と長州藩士広沢真臣も加わり、四人体制となる。

参議の入れ替えは頻繁だったが、参議となったのは薩長土肥四藩の藩士だけだった。唯一の例外は勝海舟である。

太政官の下には六省が置かれたが、民部卿に松平春嶽が任命されたのを除き、行政部門から大名は排除された。各省の長官は主に公卿が任命されたが、実権を握る次官の大輔は薩長土肥の藩士から任命されており、公卿も事実上排除される。

ここに、版籍奉還を藩主連名で建白した薩長土肥四藩の連合政権が名実ともに誕生する。ただし、四藩の連合政権といっても参議や各省長官・次官として政府を取り仕切ったのは藩主ではなく藩士だった。渋沢のいう豪族政治の時代が訪れることはついになく、二年後に廃藩置県の時を迎える。

さて、政府を牛耳った薩長土肥の藩士の一人である大村は兵部大輔に任命され、徴兵による国民皆兵の準備を引き続き進めていた。大久保との論争で一敗地にまみれたため、薩摩藩から横槍が入るのを防ごうと大阪でその準備を進める。

徴兵された兵士を指揮する陸軍士官の養成所を作ろうとしたのだ。大村の死後、士官養成所は大阪兵学寮として実現をみる（竹本知行『幕末・維新の西洋兵学と近代軍制』思文閣出版）。

ところが、出張先の京都で尊攘派浪士の襲撃を受けてしまう。九月四日のことである。この年の正月五日に、熊本藩士で参与の横井小楠が京都で暗殺された。小楠がキリスト教を広めようとしているとの風説が流れ、これに刺激された尊攘派浪士が凶行に及んだのだ。大村も欧米に倣って国民皆兵を推進していたことで、同じく西洋化を進める政府要人として襲撃のターゲットとなったのだ。

大村は一命を取り留めたものの、襲撃の時に受けた傷がもとで、十一月五日に死去した。大村を頼りにしていた木戸は大きな衝撃を受け、茫然自失の状態に陥る。

大村を襲撃した浪士たちは京都府により捕縛され、十二月二十日に京都粟田口の刑場で処刑される運びとなる。処刑の際には、東京のほか京都にも置かれた弾正台の役人が立ち会う決まりだったが、当日、刑の執行が中止される。京都弾正台を取り仕切る弾正大忠で薩摩藩士の海江田信義が、東京の弾正台から何の連絡も受けていないことを理由に刑の執行に立ち会えないと伝えたからである。

江戸城無血開城後、海江田は西郷の方針に沿った形で徳川家に寛大な姿勢を取ったが、西郷から軍事指揮権を奪った形の大村は逆に強硬姿勢を取り、彰義隊を武力鎮圧してしまう。そのため、両者はかねてより不仲が噂されていた。

後に刑は執行されるが、木戸たち長州藩側からみると薩摩藩の嫌がらせではないかという疑念は捨て切れなかったようだ。海江田が襲撃犯に大村暗殺をそそのかしたのではという説まであるほどだ。

真相は定かではないが、政府内で薩長両藩が対立を深めるなか、大村は政治の舞台から姿を消していったのである。

(4)　近代化政策の推進と農民一揆の激化

大蔵省と民部省の合併

版籍奉還に伴う政府の官制改革により二官六省が設置され、太政官の下に置かれた六省には主に薩長土肥四藩出身の藩士が官僚として登用されていくが、そこで台風の目となっていたのが大蔵省の官僚たちである。

大蔵省の実権を握ったのは、大輔に抜擢された佐賀藩士の大隈重信だった（長官の大蔵卿は空席）。大隈の強い個性のもと、新橋―横浜間の鉄道建設をはじめ電信機の導入、造幣局や通商会社の設立といった近代化政策が断行されるが、政府内は大混乱に陥る。それまでは公卿・大名VS藩士の構図であったのが、藩から飛び出して政府の官僚に転身した者たちの間で権力闘争がはじまったのだ。

藩主鍋島直正の方針もあり、佐賀藩は幕末の政局には登場せず日和見の立場を維持していたが、明治維新を契機に中央政界へ進出する。佐賀藩の軍事力を活用したい大久保や木戸たちの意図に乗った形だが、その流れが決定的となったのは、薩長土肥四藩連名で版籍奉還の建白書を提出した時である。

東京府知事として桑茶政策を進めた大木喬任、対等条約である日清修好条規の締結で外交史に名前を残す副島種臣、佐賀の乱を引き起こした江藤新平などの藩士が続々と政府入りしていくが、その筆頭格こそ大隈であった。

大隈は外国事務局判事を務めていた時、キリスト教徒への対応（「浦上崩れ」）をめぐりイギリス公使パークスと堂々と渡り合ったことで名を上げる。その実力が注目され、明治元年十二月に外国官副知事、翌二年三月には会計官副知事に登用された。

誕生したばかりの明治政府は財政的な基盤がほとんどないに等しかった。そのため、御用金を豪商に献納させる一方で、慶応四年五月以降、十両や五両など高額面の太政官札を大量に発行して歳出に充てる。坂本龍馬から高く評価された福井藩士三岡八郎（由利公正）の建策だが、これは不換紙幣であった。

藩が発行していた藩札は正貨との引き換え義務を伴う兌換紙幣だが、不換紙幣はその義務のない紙幣である。しかし、誕生したばかりの政府の信用不足を背景に太政官札の流通は滞り、額面の金額を大きく下回ってしまう。一分や一朱など小額面の民部省札も発行されたが、同じ運命をたどる。その結果、通貨の混乱が経済の混乱を助長する悪循環に陥った。

会計官副知事に登用された大隈はこうした事態を打開するため、時価での通用を厳命するとともに、府・藩・県に対して一万石につき二千五百両ずつの割合で太政官札を強制的に下げ渡し、正貨を上納させた。併せてその増発も停止することで、太政官札の信用回復を目指す。太政官札や民部省札は急場しのぎの貨幣であったため、並行して新貨幣の発行準備も進めた。

当時は、財政難を背景に諸藩が偽造した貨幣も大量に出回っており、贋金をつかまされた外国人から抗議も受けていた。大隈はその回収にも乗り出す。

一連の手腕が評価された大隈は、会計官が大蔵省に改組された際に最高責任者の大輔に抜擢される。財政や金融などの諸政策を引き続き担当したが、民政を担当することも強く望んでいた。

大隈率いる大蔵省は近代化政策に次々と着手するも、それには府や県による租税徴収の業務を掌握することが必要だった。いうまでもなく、新たな事業を起こすには財政的な裏付けが不可欠である。

だが、租税業務を含めて民政一般に関する業務は民部官改め民部省の管轄下にあったため、大隈は同省の吸収合併を目論む。

七月二十三日、長州藩士で民部大輔の広沢真臣が参議に転じたことも追い風となり、八月十一日に両省は名前を残したまま合併する。いわゆる「民蔵合併」だ。

民部卿の松平春嶽が大蔵卿を兼任し、大隈が両省の大輔を兼ねたが、合併に不満を持つ春嶽は両卿を辞職してしまう。元議定の宇和島前藩主伊達宗城が後任となるが、主導権を握ったのは引き続き大隈だった。

両省合併により、大蔵省は造幣寮と出納・用度の二司、民部省は地理・土木・駅逓・租税・監督・通商・鉱山の七司体制となるが、大蔵省の官僚が両省の主な役職を兼任していた。民部省の名前は残されたものの、対等合併ではなく大蔵省への吸収合併だったのである。

藩の枠を越えた開明派官僚たち

合併後、民部・大蔵省の官吏の数は急増する。明治二年八月時は九十三名だったが、十二月には五百二十九名にも達し、九十名の兵部省、五十二名の外務省を圧倒した。翌三年四月にはさらに増えて六百五十一名となる。

まさに巨大官庁だったが、それだけ事業が拡張したということでもある。なかでも、租税・監督・土木司に属する官吏の数が激増した。

大隈のもとには、開明派と呼ばれた少壮気鋭の藩士たちが藩の枠を超えて集まっていた。大隈は旗本戸川安宅の屋敷を政府から住居として与えられたが、生活の場にとどまらず、開明派の官僚たちが近代化のための議論を日夜行う場にもなる。俗に「築地の梁山泊」と称された屋敷だ。

その代表格が、省内で大隈を支えた長州藩士の少輔伊藤博文と大丞井上馨だった。長州藩代表の木戸が大隈・伊藤・井上による近代化政策を政府内で強く支持する構図である。

省務を支える官吏には旧幕臣も少なくなかった。民部・大蔵省が管轄する府や県がもともとは幕府の直轄地であることが多く、その事情に精通していたという背景もあっただろう。租税司や駅逓司などの部署に至っては、旧幕臣出身官吏が牛耳ってしまう。

両省による事業の裏付けとなる租税の徴収にあたったのは租税司だが、そのトップの租税正は大隈の説得により静岡藩士から転じた渋沢栄一である。静岡藩は旧幕府が母体であり、静岡藩士とは旧幕臣のことだが、渋沢は商法会所（後の常平倉）を設立して手広く商業・金融活動を展開したことで八万六千両もの利益を挙げ、政府から注目される存在であった。要するに、静岡藩から引き抜いたのだ。

租税正となった渋沢は、殖産興業を実現するための貨幣、租税、運輸などの諸制度改正をかねてより志していた。よって、省内に改正事務を専務とする局を立ち上げて有為の人材を集め、諸般の制度を調査研究させて改正にあたらせるよう大隈に進言する。そして賛同を得た渋沢は、改正掛の長として制度改正にあたった。

この改正掛が一連の近代化政策の推進主体となる。欧米をモデルに、度量衡や租税の改正、鉄道の敷設、電信の開通、郵便制度の導入、貨幣制度の調査、富岡製糸場の建設など多岐にわたる事業を企画し、制度化していく。

租税徴収の強化

しかし、事業の拡張には財源の確保が不可欠である。いきおい、直轄地たる府・県を通じての年貢の徴収は厳しいものにならざるを得ない。民部・大蔵省合併以前より、その動きははじまっていた。

二年六月、政府は府・県に対して高掛三役を農民に課すよう指示する。高掛三役とは、かつて幕府直轄地に課されていた付加税のことである。つまりは増税だ。

七月には府・県がみだりに年貢を定額にすることを厳禁する。年貢の定額とは定免制のことで、過去数年の実績に基づいて年貢高を定め、豊凶にかかわらず定額を徴収するものだが、農民側に有利な税法だった。言い換えると、徴収側には不利であるとして定免制の採用に制限をかけたのである。

合併後もその流れは止まらない。

三年五月、年貢の減免措置について制限を課した。七月には年貢の金納を廃止して米での現物納を命じている。定免制と同じく、金納が農民に有利だったからだ。いずれの措置も、年貢徴収への断固たる姿勢を示すものに他ならない。

明治二年は東日本を中心に大凶作となった年だが、租税の確保に狂奔する民部・大蔵省は、凶作に伴う減免願にも厳しい姿勢を取る。凶作の際には農民からの嘆願を受けて食糧の米穀を夫食として貸与するのが慣例だったが、なかなか認可しようとはしなかった。そのぶん税収が減るからだが、農民たちの不満が募るのは避けられなかった。

となれば、追い詰められた農民たちが蜂起するのは必至である。全国各地で一揆や騒動が頻発するが、これにも厳しい姿勢を取る。甲斐国で起きた騒擾を取り調べるため、大隈は部下の塩谷良翰を現地に向かわせたが、その際、やむを得ない場合は千人までは殺しても咎めないと伝えたという。

本省の厳しい姿勢に、板挟みの格好となった現場の府や県の地方官たちは強く反発する。薩摩藩士で初代日田県知事に就任した松方正義などもその一人だ。地方の実情を無視する苛政と捉えたからである。

両者の対立は抜き差しならないものとなるが、民部・大蔵省は依然として年貢徴収の手を緩めなかった。

一揆の頻発と通貨の混乱

こうして、凶作と収奪の強化を背景とする一揆や騒動が全国各地で頻発するが、当時の世情不安もそれに拍車を掛ける。先にみた通貨の混乱が招いた事態でもあった。

かつて、幕府は中央政府として貨幣の鋳造権を独占していた。貨幣には金貨・銀貨・銭貨の三種類（三貨）があったが、鋳造権を独占する幕府は財政難に直面しても、貨幣の質を落として大量に発行すれば歳出を賄うことができた。

藩の場合、そうはいかなかったが、財政難の事情は同じである。よって、幕府の許可のもと藩札を発行して歳出を賄うのが定番となった。

藩札は無制限に発行できるものではなく、幕府発行の貨幣と交換できるだけの準備金が必要だが、財政難に苦しむ諸藩は兌換準備金を十分に用意できず、藩札の信用は落ちていたのが実情だった。財政難を背景に藩札を過剰に発行する傾向もあり、藩札のさらなる信用低下を招く。

幕末に入ると自由貿易が開始されたことで、金貨が大量に海外に流出していく。幕府は金銀の交換比率を変更して金貨流出に歯止めをかけるとともに、品位を落として大量に鋳造することで金貨不足に対応しようとしたが、当然ながら金貨の価値は暴落する。激しいインフレが起きて物価が高騰し、社会情勢は悪化した。そんな事態を招いた幕府の権威も失墜する。

やがて軍事費を中心に膨らみ続ける歳出を賄うため、通貨を偽造する藩まで出てくる。幕府からすると鋳造権の侵害であり、贋金に他ならなかった。

文久二年、薩摩藩は支配下にあった琉球の救済を名目に、琉球通宝の鋳造を幕府から許可される。だが、本当の目的は、琉球通宝の鋳造を隠れ蓑に天保通宝（一枚で銭百文）など幕府の貨幣を偽造することだった。

偽造量は天保通宝だけで二百九十万両に及んだという。薩摩藩の軍事力増強、つまりは討幕の資金源になったことは想像するにたやすい。

薩摩藩などが大量に偽造した贋金が流通していくことで、貨幣の価値はさらに下落する。物価高騰にも拍車が掛かった。

幕府に代わって登場した明治政府は、幕府鋳造の三貨をそのまま鋳造する一方で、太政官札や民部省札を発行したが、それだけではなかった。府・県も歳出を賄うため紙幣（府札・県札）を発行している。藩札も引き続き発行された。

明治初年は、政府発行の三貨や太政官札などの紙幣、そして藩札が混在する状況であり、経済が非常に混乱する原因となっていた。諸藩が偽造した貨幣も大量に出回り、太政官札の偽札まで登場する。

そのため、通貨の混乱が物価高騰を招くという幕末以来の図式が続いたうえ、さらに明治二年は東日本を中心に大凶作に見舞われたことから、特に米価が暴騰する。ダブルパンチを受けた格好の農民たちは生活難に陥るが、府や県の地方官は民部・大蔵省の指示のもと年貢徴収の手を緩めなかったため、一揆や騒動が頻発する結果となったわけである。

一揆が起きたのは府・県だけではない。贋金や偽札が大量に出回った信濃国の松代藩では、生活難に陥った農民たちが一揆を起こし、城下へ押し寄せて放火や打ちこわしに及んだ。明治三年十一月に起きた午札《うまのさつ》騒動である。政府はその責任を問い、知藩事真田幸民を謹慎処分としている。

幕末以来の物価の高騰、通貨の混乱、凶作、そして地方の実情を無視した年貢の徴収強化が、府・県・藩の別にかかわらず、生活苦に陥った農民を立ち上がらせていった。

四参議の辞職騒動と民蔵分離

戊辰戦争終結直後の明治二年から三年にかけて農民の一揆が全国的な広がりをみせたことに、政府は強い危機感を抱く。さらに、一揆の拡大にもかかわらず、近代化政策の財源確保のため年貢徴収の手を緩めようとしない民部・大蔵省に対し、その手足のはずの府や県から反発の声が上がったことにも衝撃を受ける。まさしく政府分裂の危機である。

政府内でも民部・大蔵省への批判が高まる。民部大輔だった参議の広沢真臣は地方行政を重視する立場であり、大隈たちの施政には批判的であった。

広沢は地方官に一定の裁量権を与えて民力を増進させるべきという考えを持っており、本省の批判を強める府や県が広沢に期待するようになるのは自然の成り行きだった。六省は右大臣・大納言そして参議を戴く太政官の管轄下にあり、太政官は民部・大蔵省を牽制できる唯一の存在なのである。

同じく参議の大久保も大隈たちへの批判を強める。

明治二年暮れ、大久保と木戸は二人揃って帰藩の途に就いた。島津久光と毛利元徳にそれぞれ対面し、施政に関する理解と協力を得ることが帰藩の目的だったが、大久保は鹿児島に向かう途中、凶作の惨状と農民たちの窮状を目の当たりにする。そして、全国各地で一揆や騒動が頻発していたため、このままでは政府から人心が離反してしまうと危機感を抱く。

鹿児島から東京に戻った大久保は、民部・大蔵省の抑え込みをはかる。まずは、大隈たちの後ろ盾になっていた木戸に参議への就任を求めた。木戸を参議として太政官に取り込むことで、大隈率いる少壮気鋭の開明派官僚たちをコントロールしようと目論む。

折しも、木戸は次章で取り上げる脱隊騒動の戦後処理のため、長きにわたって帰藩していたが、翌三年六月二日にようやく東京へ戻ってくる。同月十日、木戸は大久保の要請を容れて参議に就任した。

ところが、木戸は就任早々、大隈の参議就任を求めてきた。大久保の意図とは逆に、近代化路線を推し進めるため大隈を太政官に送り込もうと考えたのだ。近代化の推進という錦の御旗のもと、大蔵省側が太政官をコントロールしようとした形である。

思惑が外れた大久保、広沢、同じく参議の副島と佐々木高行（土佐藩士）は、大隈参議案に強く反発する。六月二十二日、大久保たち四参議は連名で辞表を提出し、大隈の処遇をめぐって政府は分裂寸前となる。近代化路線をめぐる政府内の権力闘争は頂点に達した。

この政府部内の争いは、七月十日に民部省と大蔵省が分離されることで決着をみる。いわゆる「民蔵分離」だ。巨大化した大蔵省を解体することで、同省をコントロールできなくなっていた太政官の権限の拡大がはかられた。太政官が大蔵省を抑え込むことによって、両省と府・県の確執を解消しようと狙ったのである。

伊達宗城は民部卿との兼任が解かれて大蔵卿専任に、大隈も民部大輔との兼任が解かれて大蔵大輔専任となった。伊藤や井上も同じく兼任が解かれ、大隈たちの権限は大幅に削られた。九月二日、大隈は参議に昇格して大蔵省を去る。事実上の解任だった。

民部省は民部卿が空席となり、岩倉や大久保・広沢が御用掛として省務を管掌した。民部大輔には大木喬任、少輔には吉井友実が任命された。大久保の勝利であり、木戸（大隈・伊藤・井上）の敗北だった。

民蔵分離をめぐる政府内の権力闘争では、大久保と木戸の確執が再び露わとなった。薩摩・長州両藩対立の構図だが、長州藩が木戸と広沢で意見が割れたこともあり、大久保の勝利、木戸の敗北に終わったとも言えるだろう。

しかし、民蔵分離が断行されたとはいえ、近代化路線自体が否定されたわけではない。その歩みが緩やかになったに過ぎなかった。薩長両藩出身の藩士たちは衝突を繰り返しながらも、提携関係を継続させることで中央集権化を断行する。だが、その前には彼らの母体の藩が立ち塞がっていたのである（松尾正人『維新政権』吉川弘文館）。

4 薩摩藩の藩内抗争と長州藩の内戦——維新三傑の苦悩

(1) 薩摩藩の内紛と西郷隆盛の藩政復帰

凱旋兵による藩首脳部の突き上げ

政府内で薩長両藩を代表する大久保と木戸が藩主の世襲制や兵制改革などをめぐり対立していた頃、もう一人の維新三傑・西郷は、故郷の霧島・日当山温泉で保養の日々を送っていた。密かに隠退の決意を固めたのである。

慶応四年五月十五日に彰義隊が鎮圧されると、西郷は新たな働き場所を求めて越後・東北・箱館へと転戦するが、戦いは終盤に向かっていた。戦場で活躍する機会はなく、戊辰戦争は終結を迎えた。ここに、西郷は隠退を決意する。

討幕も実現できた今、もはや自分の役割は終わったと考え、中央政界はもとより薩摩藩政からの引退をも決意したのだろう。一種の燃え尽き症候群と言ってもよいが、心の奥底には政府への不満もあったに違いない。

東征大総督府参謀を務めていた折、徳川家に対して融和路線を取ったため新政府内で反発を買ってしまう。その結果、同じく大総督府参謀の大村益次郎に軍事指揮権を奪われた。一歩退かされた状態となったため、モチベーションが落ちてしまったことは否めないだろう。

しかし、緊迫化する藩内情勢は西郷の藩政復帰を強く求める。鹿児島で大騒動が持ち上がったのだ。

この頃になると出征した藩士たちが続々と鹿児島に凱旋してきたが、凱旋兵のリーダーである川村純義、伊集院兼寛、野津鎮雄たちはその軍功を楯に、藩の門閥層を猛烈に突き上げる。

戊辰戦争直前、薩摩藩では対幕府強硬派で倒幕のためには武力発動も辞さないとする討幕派の西郷や大久保たちと、討幕には否定的な藩士の間で激しい対立があった。薩摩藩内は討幕でまとまっていたわけではなかった。というよりも、幕府と戦って勝てるはずがない、薩摩藩の滅亡を招きかねないとして、討幕には否定的な意見が藩内の大勢を占める。

孤立する西郷は、藩内から命を狙われたくらいであった。西郷たちからみれば、藩内の討幕反対論者とは徳川家との協調路線を志向する固陋《ころう》な保守派だった。門閥層、藩政の主導権を握る上級藩士たちである。その背後には、藩主島津茂久の実父として藩政の実権を握る島津久光がいた。

だが、西郷は討幕に反対する久光の体調不良を逆手に取る形で、藩主を奉じて京都に向かう。隷下の薩摩藩兵を動かし、王政復古のクーデターや鳥羽・伏見の戦いを乗り切り、討幕を実現した。

そのため、西郷のイニシアチブのもと戊辰戦争を戦い抜き凱旋してきた川村たちは、討幕に否定的だった藩士への不満を募らせる。門閥層の藩政からの排除、人材の登用による藩政の一新を久光に強く訴えた。凱旋兵は下級藩士が多く、西郷にしても同じ下級藩士の出である。

川村たちは軍功を立てたことにより藩内で発言力を増しており、その主張を久光としても無視できなかった。西郷が扇動していると疑う久光は事態を危険視し、大久保に帰藩を命じる。こうした凱旋兵による藩当局の突き上げは他藩でもみられた。

折しも諸藩からの版籍奉還願を受けて、大久保や木戸が主導する政府は国是に関する諸侯会議の開催を企図していた。引き続き薩長両藩が主導権を握るため、久光と長州藩主毛利敬親に上京を命じようと目論む。

よって、勅使柳原前光が鹿児島に向けて派遣されることになり、大久保が副使として随行している。長州藩には万里小路通房が勅使として派遣された。

西郷の藩政復帰

大久保が鹿児島に入ったのは、明治二年二月十三日のことである。久光の意を受けて川村たちの説得を試みたものの、失敗に終わった。

十七日には藩主島津忠義（慶応四年一月十六日に茂久から改名）の面前で、久光の実子で家老職を務める島津図書が川村たちに面詰される事態が起きる。図書は父久光に討幕の足掛かりとなった上方出兵の反対論を直接説いた人物であり、川村たちからは門閥層の象徴として目の敵にされていた。

その結果、図書は辞職に追い込まれる。詰め腹を切らされた形だ。久光側近で西郷に批判的な伊地知貞馨や奈良原繁も左遷の憂き目に遭った。

一方、勅使差遣を受けて東京に向かった久光は、三月六日に京都へ立ち寄り御所に参内する。ところが、病気を理由にそのまま帰藩してしまう。政府への不満を暗に示した形であり、その動向は西郷や大久保にとり大きな悩みの種となっていく。

図書たちに代わり藩政の中枢に座ったのは、門閥の身でありながら西郷を強く支持した桂久武である。桂は執政心得に任命され、その下の参政には伊地知正治・橋口彦二・大迫貞清・伊集院兼寛たち西郷に近い藩士が起用された。

西郷は前面に出ていないものの、一連の人事は西郷派の下級藩士たちによる藩政の掌握に他ならなかった。この頃、家老などの重役は執政あるいは参政と改称されていた。

そして、前年十月二十八日に政府が布告した藩治職制に基づき、藩の政務を司る知政所と家政を担当する内務局が設置され、薩摩藩でも藩政と藩主の家政が分離される。忠義は公私の別を貫くと称し、鹿児島城の本丸を去った。以後、本丸内に置かれた知政所に通勤して藩政を執ることになる。

職制改革にも手が付けられた。軍務局・会計局・糺明局・監察局が新設され、各局の総裁には西郷の同志である大山綱良たち現場の隊長クラスの藩士が充てられた。門閥や家格ではなく、軍功と実績、つまりは能力に応じた適材適所の人事が断行される。

鹿児島が凱旋兵の突き上げにより騒ぎになっていた頃、日当山温泉で保養する西郷はそのまま隠退するつもりであったが、藩主の忠義としては、藩内の動揺を収めるには西郷の藩政復帰がどうしても必要だった。西郷ならば、藩当局の意向に容易に従おうとはしない凱旋兵たちを抑えられるに違いない。

実弟島津図書が家老を辞職し、久光側近の奈良原たちが左遷された直後の二月二十三日、忠義は日当山温泉へ向かい、保養中の西郷に参政就任を強く求める。隠退の意思は固かったとはいえ、主君自ら出向いて直接懇望されれば、西郷としても拒むことはできなかった。

翌二十四日、西郷は忠義に従って鹿児島へと戻る。二十五日には、参政に就任して藩政に復帰した。だが、久光たちからすると戊辰戦争の勝利で意気が上がる凱旋兵を後ろ盾に藩政を牛耳った格好であり、不満このうえなかった。

よって、西郷は藩政に復帰した途端、藩政の中枢部より退けられた門閥層から反感を買うようになる。その背後には久光がいた。久光の憎悪に苦しめられる日々がはじまったのである。

藩政改革への反発

明治二年六月十七日、政府は諸藩からの版籍奉還願を受領し、藩主をそのまま知藩事に任命したが、その立場は政府が任命した地方長官に過ぎなかった。政府はこれを機に、諸藩への統制を強化していく。

石高・物産・税高・人口・戸数などを調査して報告するよう命じる一方で、藩首脳部である参事職の人事権を握った。そして、一門・家老以下の藩士をすべて士族とし、藩主は華族とする。藩主と藩士との間の主従関係を制度的に廃止し、武士階級を華族と士族に再編成したのである。

財政面では、知藩事の家禄を藩の歳入の一割と定めた。藩庁の経費と家禄を分離させることで藩政と家政の区分を財政面でも明確化させたが、藩士改め士族の禄制改革も求める。その背景には、藩の深刻な財政難があった。

戊辰戦争を通じて弱体化したのは、藩主の威信や藩主をトップとする藩の身分秩序だけではない。莫大な軍費支出が著しく財政を悪化させた。その結果、明治三年段階で諸藩が抱える借金の平均は収入の約三倍にも達し、自ら廃藩を申し出る藩もあらわれはじめていた。

収入の増加が容易に見込めない以上、諸藩は支出の削減、つまりは家禄削減を断行せざるを得なかった。総じて高禄の士族ほど削減率が高く、小禄の士族ほど低い、あるいは逆に増額する方式が取られた。家禄の平準化が断行されたのである。

西郷が参政を務める薩摩藩も、政府の要請を受ける形で禄制改革に着手する。

薩摩藩の場合、島津家の一門や一所持が領主として支配する私領地があったが、版籍奉還により私領主制は廃止され、一門は千五百石、一所持が三百石に禄高が限定された。その結果、十七万九千九百三十一石が削減される。一方、二百石以下の下級士族には全体で六万九千五百九十八石を加増し、戊辰戦争で活躍した労に報いた。差し引き十万石余の削減だった。

凱旋兵の大半は下級士族であり、禄高の少なさが藩首脳部突き上げの最大の理由になっていたことは想像するにたやすい。門閥層に牛耳られる藩政への不満もさることながら、軍功に伴う加増への期待が下級士族をして首脳部の突き上げに走らせたのだろう。

しかし、西郷たちが推し進めた下級士族の優遇策は、禄高を大幅に削減された上級士族から当然ながら猛反発を受ける。彼らの不満は、西郷に不信感を抱く久光のもとに集まっていく。久光の怒りは増すばかりだった。

禄制改革により得た余剰分は、軍備強化にも充てられた。常備兵力の増強に努めた結果、城下・諸郷合わせて常備小銃隊が百三十一小隊と三分隊に膨れ上がり、総数一万二千六十七人にも達した。これに砲兵隊も加わる。

薩摩藩は日本最大の軍事力を誇る藩だった。政府にとっては味方にすればこのうえなく頼もしいが、敵に回せばこれほど恐ろしい集団はなかったのである。

藩政の表舞台から退いた西郷

話は少しさかのぼるが、明治二年六月二日に戊辰戦争で戦功があった諸藩に賞典禄が下付された。薩摩藩主島津忠義と父久光、長州藩主毛利元徳と養父敬親に最高額の十万石、土佐藩主山内豊範とその父容堂には四万石が与えられたが、朝敵とされた諸藩の処分は終了しており、二十五藩で総計百三万石を没収している。

賞典禄は勲功著しい藩士も対象であり、西郷は最高額の二千石を下賜された。主君忠義と久光には賞典禄十万石を下賜するほか、従三位参議と従二位権大納言への官位昇進が伝えられていたが、久光は自身への賞典禄の下賜と官位昇進を拝辞する。西郷をはじめ家臣への賞典禄や官位も辞退したいと申し立てるが、政府は認めなかった。

九月二十六日、西郷は政府から正三位を授けられたが、これにより官位では従三位の忠義を上回ってしまった。久光は強く反発し、西郷の官位返上を政府に申し出る。

こうした政府の殊遇は、西郷にとっては有難迷惑でしかなかった。藩政改革に不満を持つ久光に攻撃の材料を与えるようなものだったからだ。

主君よりも高位の官位を受ければ、自分に反感を持つ久光から不忠者の誹りを受けるのは火を見るよりも明らかである。下級士族を優遇する藩政に不満を持つ上級士族からの嫉妬と羨望も避けられない。

よって、再三にわたり官位返上を願い出たものの、政府は認めなかった。苦悩する西郷は、明治三年三月二十三日付の大久保宛の書状で次のような心情を吐露する。

政府から官職を命じられれば位階がおのずから付いてくるのは分かるが、官職に就いていない者にまで位階を授けるのは筋が通らない。そのうえ、主君よりも高位を授けられれば、お受けできないのは臣下として当然のことである。

公家にとって位階は尊いものかもしれないが、自分のような田舎者には何の役にも立たない。ともかくも、官位返上願が受理されるよう奔走してほしいと懇願する内容だった。西郷は久光や藩内の反発を鎮めるため、この書状を大久保に送る二カ月ほど前の一月十八日に、参政の職を辞して相談役となっている。表向き、藩政の舞台から退いたのだ。それほど、西郷は藩内で苦境に立たされていた。政府に促される形で実行された藩政改革への反発は非常に強かったが、そうした事情は他藩も同じである。

西郷の苦境を慮って大久保が尽力した甲斐あってか、その後、官位と賞典禄返上の願いは聞き届けられる。

島津久光の憎悪を浴びる西郷と大久保

西郷のみならず大久保にとっても、久光を頂点とする薩摩藩との関係は悩ましい限りだった。西郷が参政を辞めた直後、大久保は再び鹿児島を訪れて久光と対面しているが、苦渋を舐めさせられた帰藩となる。

明治二年暮れ、大久保と木戸は揃って帰藩の途に就く。先に勅使差遣により久光と毛利敬親を上京させようとはかったが、その意図は果たせなかった。そこで、二人は政府首脳として久光と敬親の跡を継いでいた元徳に改めて対面し、政府が進める中央集権化への理解と協力を得ようと目論む。まずは、何とか上京させようとした。

薩摩藩代表の大久保は長州藩代表の木戸と政府内で衝突を繰り返していたものの、皇国の柱石は両藩であるという自負があった。木戸も同じ思いであり、両藩が一致して朝廷のために尽力することで合意する。

両藩が力を合わせて強力な政府を作り上げて諸藩を統制し、内外の課題に臨もうというのだ。政府が諸藩の寄り合い所帯の状態を脱しておらず、内部で意思の統一が取れていない現状が背景にあった。

よって、皇国の柱石たる両藩が強いリーダシップを発揮することが何よりも必要だったが、それには両藩トップの理解と協力が不可欠と二人は考え、揃って帰藩の途に就く。しかし、両者ともその意図を果たすことはできなかった。

翌三年一月十九日、鹿児島へ戻った大久保は久光に拝謁し、施政への理解と協力を求めた。前回果たせなかった上京も要請するが、拒絶に遭う。大久保は西郷の上京も望んでいたが、久光はこれも拒絶する。

二十四日には、政府の方針に沿った一連の藩政改革に対する不満を爆発させ、かつての腹心だった大久保を激しい言葉で詰る。久光は西郷への不満を募らせており、大久保はその逆鱗に触れた格好だった。

大久保は久光の説得を断念し、東京へ戻った。二十六日のことである。参議として解決しなければならない政策課題が山積しており、いつまでも鹿児島に滞在するわけにはいかなかった。一方、山口に戻った木戸は後述するとおり藩内は内戦状態であり、元徳の説得どころではなくなってしまう。

大久保が鹿児島にやってきた頃、執政は大参事、参政は権大参事と改称されていた。桂や伊地知たちが権大参事を務めたが、大参事は空席であった。

藩政トップの大参事には西郷が任命されるべきところだったが、当時は相談役の地位にあり、藩政の表舞台から退いていた。それだけ、西郷たちの藩政改革に対する反発が藩内では強かったのだ。しかし、七月三日、西郷は執務役として藩政に復帰する。八月十五日には大参事に任命され、藩政の最高責任者の座に就いた。

西郷が藩政のトップに立つことを決断した背景には、藩首脳部と久光の対立があった。七月十二日、西郷派の藩士である大山綱良は大久保宛の書状で、西郷の執務役就任に至る経緯を次のように説明している。

大山が久光・忠義父子に、再三再四、現下の情勢を説明して藩政への理解を求めても、不愉快と言うのみであった。何事にも怒りを示すありさまで、当惑するしかない。大山は職を辞する決意で久光父子に対面したが、なお理解は得られなかった。

窮した大山は西郷に事情を打ち明け、このままでは薩摩藩の存亡にも関わるとして藩政の表舞台に復帰してほしいと求めた。藩政のトップとして、久光を抑え込むことを西郷に期待したのだ。

事情を聞いた西郷は大奮発し、かくなるうえは自分が出仕するしかないと決意する。そして、執務役に就任した(日本史籍協会編『大久保利通文書　三』東京大学出版会)。

だが、それは久光の怒りを一身に浴びることを意味した。久光に言わせると、西郷はこれまで以下のような政治行動を取ってきた。

久光の意向に反し、そして藩内の猛反対も押し切って討幕を達成した。維新後は凱旋兵士をして島津図書たちを失脚させ、藩政を牛耳った。藩政復帰後は参政として上級士族の家禄を削減する一方、下級士族の家禄は増額する禄制改革を断行し、藩主をトップとする藩の身分秩序を壊した。

西郷のやることなすこと、久光の意に沿わなかったのである。久光の怒りはいつ爆発するか分からなかった。大参事に就任する直前の八月三日、西郷は大久保宛の書状で上意討ちされる覚悟を次のように披歴している（大西郷全集刊行会『大西郷全集　復刻版　第二巻』平凡社販売）。

久光の不信と憎悪を一身に浴びている以上、理解を得られるか斃れるかの二つしかない。毎日死を覚悟しながら、藩庁に出勤している。しかし、覚悟を決めたことで無の境地となり、かえって久光に仕えやすくなった気がする。

藩内では久光の憎悪にひたすら耐え忍ぶことを余儀なくされる西郷であった（拙著『西郷隆盛の明治』洋泉社歴史新書）。

(2)　長州藩の内戦と木戸孝允の苦悩

膨れ上がった奇兵隊などの諸隊

戊辰戦争後、西郷や大久保は藩内の混乱に苦しめられていたが、そうした事情は木戸にしても同じである。長州藩では脱隊騒動と称される武力蜂起にまで発展し、藩内で戦争が勃発する。その主役は奇兵隊など「諸隊」の兵士たちだった。

奇兵隊創設の頃に時計の針を戻してみよう。

前章で述べたように、長州藩は破約攘夷論を掲げることで薩摩藩に代わって朝廷を牛耳る。その権威を後ろ盾に、幕府をして攘夷の実行を約束させた。攘夷決行の期日は文久三年五月十日と定められる。

この日、長州藩は下関砲台からアメリカ商船に砲撃を加える。二十三日にはフランスの通報艦にも砲撃を加えたが、六月に入るとアメリカやフランスの軍艦による報復攻撃がはじまった。長州藩の軍艦は撃沈され、下関の砲台も破壊された。上陸も許してしまい、本陣を置いた寺院などが焼き払われる。欧米列強の前には、既存の軍事力など全く無力である現実を長州藩は思い知らされる。

衝撃を受けた藩当局は、藩主の覚えも目出度かった若手藩士の高杉晋作を呼び出し、善後策を諮問する。高杉は藩を挙げての防備休制の構築が必要という認識のもと、藩の正規兵を補佐する奇兵隊の結成を上申した。その献策は採用され、奇兵隊が結成される運びとなる。

奇兵隊に入隊したのは、武士と庶民が半々である。そして武士といっても足軽や中間などの下級武士が大半で、庶民にしても主に農民だった。

奇兵隊の結成に刺激され、下級武士や庶民を中心とした軍隊が藩内で続々と誕生する。「諸隊」と総称された軍隊の数は、総計四百にも達した。

その後、奇兵隊など諸隊は第二次長州征伐での勝利に大きく貢献する。藩士のみで構成される正規軍よりも軍功を挙げたが、創設者の高杉は慶応三年四月に死去する。その遺志を継ぐ形で奇兵隊を率いたのは、同じく吉田松陰門下の山県有朋だった。明治に入ると、大村の後継者として政府内で台頭する。

戊辰戦争でも奇兵隊は越後に出征し、奥羽越列藩同盟の一角として頑強に抵抗し続けた長岡藩を破るなどの軍功を挙げた。奇兵隊をはじめ諸隊は意気揚々と藩地へと凱旋するが、戦後は一転リストラの対象となるのである。

脱隊騒動の勃発

当時、奇兵隊を含めた諸隊の兵士の数は五千人以上にも及び、藩の財政を極度に圧迫していた。戊辰戦争も終わり、彼らの役割は終わった。

藩庁では兵制改革と称し、膨れ上がった諸隊を整理して藩の財政負担を減らそうと目論む。諸隊から二千二百五十人を精選して常備軍とし、残りは脱隊つまりは除隊させることを決めた。除隊された兵士にとってみればリストラに他ならない。

そして明治二年十一月二十七日、藩庁は奇兵隊をはじめ諸隊の隊号を廃し、常備第一〜第四大隊を編制したが、切り捨てられた兵士たちの不満が爆発する。その大半は農民の次男、三男以下であり、除隊され故郷に戻ったところで耕す田畑はなかった。常備隊への選抜基準にしても、軍功よりも身分が重視される問題点があった。

十二月一日、奇兵隊、鋭武隊、振武隊などの諸隊に所属していた千二百人ほどの兵士が周防国宮市に集結する。宮市を本陣として藩内に十八の砲台を築き、藩庁との対立を深めたが、除隊され帰郷していた兵士たちも駆け付けたことで総勢二千人にも膨れ上がる。

彼ら脱隊兵士たちは、速やかな論功行賞の実現や兵制改革反対などの要求を藩庁に突き付けた。

同八日、事態を憂慮した知藩事の毛利元徳は周防国の三田尻や小郡を巡回して鎮撫に努めるも、効果はなかった。毛利家は長門国の萩城が居城だったが、幕末に入ると山口に政庁を移し、藩主つまり知藩事の館も山口に置かれていた。

藩内が不穏な情勢に陥るさなか、あたかも飛び火するような形で農民の一揆が領内各所で起きる。明治二年は東日本を中心に大凶作に見舞われたが、政府が年貢徴収の手を緩めようとはしなかったため、一揆や騒動が頻発する。西日本にしても夏の長雨に祟られ、秋の作柄は非常に悪かった。

木戸とともに政府入りしていた参議広沢真臣は、木戸宛の手紙（翌三年一月十五日付）で長州藩内の状況について次のような危機感を吐露している。脱隊騒動は取るに足らないが、農民の一揆は全国へ飛び火する恐れがあり、嘆かわしい次第である。広沢の脳裏には、東日本を中心に頻発する一揆や騒動が浮かんでいた。

藩内が脱隊騒動と農民一揆で動揺するさなか、木戸が帰国してくる。鹿児島に向かう大久保も山口入りし、三年一月十五日に元徳に拝謁する。翌十六日には鹿児島へ向かってしまうが、長州藩内の状況はさらに悪化していく。

藩庁では、萩にいた干城隊をして元徳の居館を警備させようとはかる。干城隊は諸隊ではなく、藩士のみで構成された藩の正規軍だが、脱隊兵士たちはこれに憤激する。鎮圧のための派兵とみなしたのだ。

山口に進撃した兵士たちは警護と称し、元徳の居館を包囲する。同二十四日のことである。そして、元徳救出のため山口へ向かっていた干城隊を撃破した。形勢不利を悟った木戸は、命からがら山口を脱出する。小郡を経由して下関に向かい、反撃の機会を窺った。

二月八日、木戸は藩の常備軍や支藩の藩兵などを率いて小郡に上陸し、翌九日にかけて大激戦となる。俗に七万発の小銃弾を撃ったとされる激戦の末、十一日には脱隊兵士たちを撃破して山口へ進撃。居館を包囲されていた元徳を救い出す。

薩摩藩の介入を退けた木戸

一方、鹿児島に到着した大久保は薩摩藩兵の派遣を西郷に提案する。薩摩藩にも脱隊騒動の情報は既に入っていた。

財政難に苦しむ諸藩は禄制改革という名の家禄削減を断行していたが、当時は藩士たちの不満が充満し、何かのきっかけで連鎖的に暴発する危険性があった。前述の長州藩の脱隊騒動も財政難克服のための兵制改革が原因であり、禄制改革断行中の薩摩藩としても他人事ではなかった。

長州藩の内戦が薩摩藩に波及することを危惧したわけで、政府首脳の顔も持つ大久保は、藩に対する反乱から反政府運動へと転化することも懸念していた。さらに、両藩が一致して朝廷のために尽力することで合意した矢先、長州藩が内戦で疲弊するのは好ましいことではない。薩摩藩以外の藩にも波及し、ついには収拾がつかなくなる事態に陥ることも恐れた。

西郷は派兵を求めてきた大久保に対して、長州藩の内情を調査したうえで判断したいと提案し、桐野利秋や村田新八たちを率いて山口へと向かった。山口に入ったのは二月十日前後とされる。

驚いた木戸は西郷のもとを訪れ、面会を求める。西郷は諸隊鎮圧のため薩摩藩兵の貸し出しを申し出たと伝えられるが、木戸は固辞する。

木戸の立場からすれば、長州藩内の騒動を鎮めるのに薩摩藩の力を借りてしまっては、その風下に立たされるのは必至だと考えたに違いない。政府内で完全に主導権を握られてしまう。何としても、自力で解決しなければならないと。

さらに、西郷が長州藩当局と脱隊兵士の調停に乗り出してくることを警戒していた。薩摩藩内には脱隊兵士たちに同情的な空気もあった。薩摩藩の場合、凱旋してきた兵士の発言権が強く、戦友とも言うべき諸隊の兵士にシンパシーを感じていたようだ。

長州藩を代表する形で政府入りしていた木戸にしても、藩内の基盤は盤石ではなかった。というよりも、藩内からの強い批判にさらされていた。政府（大久保）に促される形で西郷が断行した藩政改革が薩摩藩内では不評だったが、そうした事情は長州藩にもあてはまるのである。

大久保を迎えた藩内の空気は冷ややかだったが、木戸も同じ境遇にあった。政府に出仕するのは長州藩のためにはならないから、藩政に戻るべきという批判も藩内から上がっていた。そんな空気のなか、薩摩藩の助けを借りて鎮圧すれば、木戸の立場がさらに悪くなるのは火を見るよりも明らかだった。

長州藩が武力鎮圧に成功したこともあり、西郷は木戸の意思を尊重して脱隊騒動に介入することはなかった。山口に入って毛利元徳に拝謁した後、十七日には鹿児島に戻っている。

長州藩はこの反乱に関係した兵士たちの処分を徹底的に行う。死罪に処せられた兵士だけで百人を超えた（一坂太郎『長州奇兵隊』中公新書）。

長州藩もさることながら、政府は脱隊騒動の勃発に大きな衝撃を受ける。西郷や大久保が懸念したように、他藩に波及するのを恐れたのだ。領内から逃亡した脱隊兵士たちも多く、長州藩そして政府は、その追跡に躍起となる。

(3)　九州などでの反政府運動

尊攘派志士大楽源太郎と反政府運動の高まり

長州藩では脱隊騒動に参加した諸隊兵士の弾圧を進める一方で、その黒幕として領内のある人物に目を付ける。大楽源太郎である。

大楽は高杉晋作や久坂玄瑞たちとともに尊攘派志士として活動した経歴を持つが、時勢の波に乗ることができず、明治政府はもちろん、藩で登用されることもなかった。かつての仲間の志士たちが立身出世を遂げていくことに強い不満を抱きながら、当時は故郷の周防国で西山塾を主宰し、諸隊の兵士を大勢門弟としていた。

こうして、西山塾は藩内の不満分子のたまり場となる。大楽は明治二年九月に起きた大村益次郎襲撃犯の黒幕とも噂された。

襲撃の時の傷がもとで大村が死去した同じ十一月、長州藩では兵制改革つまりは諸隊兵士のリストラを断行するが、大楽はこれに強く反対する。実際、多くの門弟が兵制改革をきっかけに起きた脱隊騒動に参加し、藩に反旗を翻す。当然ながら、藩当局は大楽をその黒幕とみなした。

脱隊騒動は木戸率いる藩兵によって明治三年二月に武力鎮圧されたが、翌三月五日、大楽は山口に置かれた諸隊会議所へ出頭するよう命じられる。大楽は藩命に従って山口に向かうが、その途中、付き添い人の目を盗んで逃走する。門弟を連れて九州に渡った。

最初は豊後の姫島に渡り、その後、九州本島の豊後鶴崎に赴く。豊前や豊後で潜伏生活を続けた後、筑後の久留米に入った。

久留米藩は外様大名の有馬家が藩主である。表高は二十一万石で長州藩の半分ぐらい。国持大名として大藩の一つに数えられ、薩摩・熊本・福岡・佐賀に次ぐ九州の雄藩だった。

幕末の政局では幕府寄りの政治姿勢を取るが、これに不満を持つ藩内の尊攘派は、戊辰戦争を機に参政不破美作を暗殺して藩論を転換させる。幕府寄りの藩士たちは粛清され、水野正名率いる尊攘派の藩士たちが藩政を掌握した。

文久三年八月十八日の政変で三条実美たち七卿が都落ちした際、水野は長州藩士とともに長州へ下っている。その後も、太宰府に移された三条たちに仕えた。王政復古のクーデターにより三条が復権して京都に戻ると、藩主有馬頼咸は三条の信任を得ていた水野を登用し、藩政を任せた。当時、水野は大参事として藩政トップの座に君臨していた。

尊攘派が牛耳った久留米藩には、応変隊という攘夷派の藩士で組織された部隊があったが、奇兵隊をモデルにしており農民や町人も入隊した。応変隊のほかにも、町人や農民により結成された部隊があった。長州藩における諸隊のような存在である。

長州藩は薩摩藩との連合により幕府を倒して明治政府を樹立させると、攘夷路線とは真逆の開国和親に方針を転換する。攘夷を否定したのだ。諸外国に対して幕府の外交方針を踏襲すると宣言し、外国公使が御所に参内して天皇の謁見を受けることまで許す。

これに強く反発した尊攘派の過激な浪士たちは、西洋化を進める政府要人の襲撃をはかるようになる。明治二年正月五日に熊本藩士で参与の横井小楠が京都で暗殺され、九月四日には兵部大輔の大村が襲撃された。

攘夷を藩論としていた久留米藩も政府の方針転換に不満を抱く。そのため、政府から危険視される存在となるが、そんな折、長州藩で脱隊騒動が起きた。騒動が鎮圧された後、脱隊兵士たちは各地に逃走したが、久留米に逃れた者は応変隊に匿われる。

長州藩が引き渡しを要求するものの、久留米藩はなかなか応じようとはしなかった。そんな久留米藩を大楽が頼ったのは自然な流れだった。

久留米を根拠とした大楽は、応変隊のほか、開国和親に転じた政府に反感を持つ藩士たちを扇動し、全国の不満分子を糾合することで政府転覆を目指していく。

参議広沢真臣暗殺と久留米藩の粛清

ここに至り、政府は久留米藩を放置できなくなり、強硬手段に打って出る。いわゆる久留米藩難事件のはじまりであった。

明治三年閏十月二十八日、政府は長州藩領から逃走した脱隊兵士の捕縛を九州・四国・中国に向けて触れたが、翌十一月十七日、今度は久留米に隣接する日田県で農民が蜂起する。竹槍騒動とも呼ばれる日田騒動の勃発だ。

かつて、幕府は九州の直轄領を支配する西国郡代を豊後日田に置いていた。その管轄地は豊前・豊後・日向三カ国に及び、石高は計十六万石余にも達したが、明治に入ると日田県が置かれて政府直轄地に指定される。

しかし、日田県も御多分に漏れず、年貢徴収の手を緩めない民部・大蔵省の方針に苦しめられる。ついに、農民たちは蜂起に及び、日田県庁の役人たちと激しく衝突した。

長州藩領から脱走した兵士による県庁襲撃という風評も既に広がっており、彼ら脱隊兵士たちは日田県の農民たちを扇動していたかもしれない。県庁は自力で一揆を鎮圧できず、近隣諸藩が応援に駆け付ける事態となる。

よって、政府は同三十日に初代日田県知事を務めた民部大丞の松方正義を日田に派遣する。十二月十八日には、陸軍少将四条隆謌を巡察使として派遣することも決めた。

脱隊騒動に苦しめられた木戸としては、巡察使の派遣を機に、久留米藩に圧力をかけることでその黒幕と目された大楽の捕縛を目論む。久留米藩が匿っていたからだ。しかし、日田に入った四条は久留米を視察したのみで、四年一月に大阪に戻ってしまう。

木戸は失望するが、同じ一月九日に東京で大事件が起きる。盟友でもある参議の広沢が東京の自邸で殺害されたのだ。犯人は未だに不明だが、反政府運動を各地で展開していた攘夷派の浪士に嫌疑がかかる。

大村に続けて広沢まで失った木戸は、攘夷派浪士の徹底的な弾圧を決意する。政府を動かし、二月十四日には四条が再び日田に派遣されることが決まった。薩摩・長州・熊本藩に日田出兵を命じ、土佐藩には四国の警備を命じる。目指す本丸は久留米藩だった。

三月十日、巡察使として日田に入った四条は知藩事有馬頼咸に謹慎を命じ、権大参事の吉田博文を罷免する。十二日には長州藩兵や熊本藩兵を久留米に送り込み、大楽を匿った咎で大参事の水野や権大参事の小河真文たちを捕縛し、日田に護送させた。

政府は反政府運動の拠点と化した久留米藩だけにメスを入れたのではない。同じ筑後の柳川藩にも強制捜査の手は伸び、藩士の古賀十郎が一味として捕縛された。

十六日、政府の強硬姿勢に危機感を強めた久留米藩士たちはこれ以上藩に累が及ぶことを恐れ、大楽を筑後川の河原で殺害する。日田に護送された水野たちは東京へ送られ、後に小河は斬首、水野は終身刑に処せられた（大久保利謙『大久保利謙歴史著作集七　日本近代史学の成立』吉川弘文館）。

久留米藩難事件は、やがて九州各地で頻発することになる士族の反乱の前触れであった。西南戦争が起きたのは、それから六年後のことである。

二卿事件と京都の社会不安

木戸（長州藩）からの強い要望もあり、政府は反政府運動の拠点となっていた久留米藩首脳部の厳罰を断行したが、当時は全国各地で不穏な動きがやまなかった。公家が首謀者となる場合もみられた。いわゆる二卿事件である。

第1章で触れたように、事実上の東京遷都により天皇はもちろん太政官などの政府機関が京都から去っていく。東京奠都に反発して京都にとどまっていた公家たちも、次第に東京へ移り住むようになり、明治維新を境に京都の人口は減少傾向に入った。

となれば、景気の悪化は避けられない。天皇や公家からの需要に応える形で町人たちは生業を成り立たせていたが、出入り先が消滅した以上、京都を去る商人や職人は後を絶たなかった。京都を本拠に呉服商と両替商を営んできた三井家などの豪商も例外ではない。東京に拠点を移す。

景気が悪くなれば社会不安が増幅するのは論を俟《ま》たないが、それに拍車を掛けたのが、政府の方針に反発して京都に集まってきた尊攘派の過激な浪士たちである。公家のもとに出入りし、開国和親の方針に豹変した政府を激しく批判した。朝廷内には東京奠都や攘夷を否定した政府の方針への不満がくすぶっており、彼らの扇動に乗って反政府の動きを示す公家もいた。政府は危機感を強める。

そうしたなか、京都で横井小楠や大村益次郎など政府要人へのテロ行為が起きたわけだが、大村襲撃直後の明治二年九月二十四日、御所の石薬師門の前に市民千人ほどが集まる。皇后の東京行啓に反対するとともに、天皇の京都還幸を求めたのだ。同様の動きは各所でみられた。

京都留守長官の中御門経之や京都府知事の長谷信篤は、遷都のための行啓ではないと説諭に努める。翌年の春、天皇は京都に戻って大嘗祭を行うとも約した。大嘗祭とは、即位した天皇が最初に行う新嘗祭のことである。

政府の説諭も相まって、騒ぎはとりあえず収まる。十月五日、皇后は京都を出発し、二十四日に東京へ到着したが、天皇の京都還幸の約束は守られなかった。翌三年三月十四日、政府は東北の政情不安定や凶作を理由に還幸を延期する。大嘗祭も東京で行われた。その後、天皇が京都に向かうことはあったが、還幸ではなく行幸と称された。

政府の開国和親の方針に加え、なし崩し的な東京遷都の流れにも強く反発する尊攘派の浪士たちは堪忍袋の緒が切れ、政府の転覆を企てるようになる。同じく政府の方針に不満を抱く公家を担ぎ、武力をもって天皇の京都還御を実現させようとはかった。

明治四年二月上旬、公卿の愛宕《おたぎ》通旭が秋田藩、土佐藩、越前丸岡藩、久留米藩の藩士と東京で会合を持つ。参与、神祇官判事などを歴任した愛宕を盟主に挙兵し、天皇を京都に迎えて政府を転覆させる計画が立てられたのだ。三月六日には、公卿の外山光輔が福岡藩、美作津山藩、久留米藩の藩士と京都で会合を持ち、同様の計画を立てる。天皇の還御計画には、京都衰退の現状を打開しようという意図も込められていた。

しかし、公卿を盟主とする不穏な動きを政府は察知済みであった。三月七日に外山とその一党が、十四日には愛宕とその一党も捕縛される。折しも、政府は久留米藩を強制捜査中だったが、同藩士たちは京都還幸計画にも関与していた。

反政府運動が全国的な広がりをみせつつあったことに、政府は強い衝撃を受ける。政府に不満を持つ者たちが連携する流れを何としても断ち切らなければならない。放置すれば政府転覆が現実のものとなりかねない。政府は反政府運動への参加者を次々と捕らえていく。

同年十二月三日、政府は愛宕と外山を自刃させた。同日、久留米藩の小河真文も斬首となる。柳川藩の古賀十郎も同罪だった。極刑をもって対応することで断固たる姿勢をみせつけ、禍根を断とうとしたのだ。

久留米藩のように、尊攘派が藩政を牛耳ることで反政府運動の拠点となっている例は他にもあった。同じく外様大名の佐竹家が藩主の秋田藩はその一つだ。表高は二十万石強で、国持大名として大藩の一つに数えられる東北の雄藩だが、権大参事を務める初岡敬治も愛宕たちの政府転覆計画に加担していると疑われ、小河と同じく斬首に処せられた。

米沢藩でも藩士雲井龍雄こと小島龍三郎が東京で浪士たちを集め、政府転覆計画を企てたとして政府に捕縛される。雲井とその一党も処刑された。

反政府運動が広がるなか、政府と藩の関係はギスギスしたものになっていくが、政府は藩への統制を弱めようとはしなかった。その圧力に耐えかね、廃藩を自ら申し出る藩まで登場してくるのである。

(4) 藩政への介入と廃藩の進行

藩制の布告と藩解体の進行

明治三年九月十日、政府は「藩制」を布告して藩への統制をさらに強める。

藩制では藩歳入の一〇%を知藩事の家禄と改めて規定したほか、歳入の九%を各藩の陸海軍費と定めたうえで、その半分にあたる四・五%を海軍費として政府に上納し、残り八一%は藩庁の経費や藩士への家禄に充てることを命じた。歳入の使途について枠を設けたのである。

藩債の処理については、各藩が償却年限を決めて家禄や藩庁費から返済するよう命じた。併せて、藩札引き替え完了の目途を立てることも命じる。

当時は政府発行の貨幣や紙幣そして藩札が混在する形で流通しており、通貨混乱の大きな要因になっていた。混乱を収束させるには政府発行の貨幣に一本化することが不可欠であり、明治二年十二月に政府は藩札の発行を禁止する。だが、藩札の発行で歳出を賄ってきた藩にとっては、まさに死活問題になりかねない措置だった。

そのうえ、手持ちの正貨との引き換えを完了させるよう督促されてしまう。財政難に苦しむ藩にとってはダブルパンチだ。歳入の使途に枠を設けられ、海軍費の上納を命じられ、さらに藩債の返済や藩札の引き替え（回収）も強制される以上、諸藩の反発は必至である。

よって、政府は藩制を布告する前に、その原案を集議院に諮問して審議させている。集議院とは諸藩の意見を集約する場であり、府・県・藩の代表が議員を務めた。諸藩の意見を集約する場だった公議所の後身だ。

五月二十八日より審議は開始されたが、特に海軍費の上納問題をめぐって議論が紛糾する。原案では歳入の二〇％を各藩の陸海軍費に充て、その半分にあたる一〇％を海軍費として上納させる計画だったが、薩摩藩などが強く反発したため、政府は四・五％まで減らすことを余儀なくされる。

同じ九月、大納言の岩倉は大久保たち参議の意見を踏まえて「建国策」十五箇条を作成する。廃藩置県（中央集権制）を見据えた国造りのグランドデザインが示されたわけだが、民政・財政・兵制・刑罰（訴訟）などを府・県・藩問わず全国一律のものとし、それぞれ民部・大蔵・兵部・刑部省が総轄するという条項が注目される。言い換えると、建国策とは、中央集権化というお題目のもと藩の独立性を骨抜きにするための策だった。

十一月には、天皇臨席のもと三条や大久保・木戸たち参議が出席し、岩倉提起の建国策を踏まえて第一回国法会議が開催される。以後、各省が総轄するその具体的な方法などが政府内で協議されていくのである。

福岡藩知事黒田長知の罷免

中央集権化を推し進める政府は藩制の布告を通じて諸藩の財政にまで深く介入してきたが、藩札発行という歳入の道を断たれた藩は窮した末、貨幣の密造に走る。この苦し紛れの贋金鋳造は、通貨の混乱を助長するものでしかなかった。

贋金は通貨混乱の原因となっただけではない。贋金や偽札が大量に出回ったことが引き金となり、明治三年十一月には信濃松代藩の農民が城下に大挙して押し寄せ、商人宅への放火や打ちこわしに及んだことは前章でも述べた（午札騒動）。贋金は争乱を引き起こす原因にもなっていた。

政府はこうした状況に強い危機感を抱き、贋金造りには厳罰をもって臨むようになる。相手が大藩であろうと、決して容赦はしなかった。

福岡藩は外様大名の黒田家が藩主で、表高が五十二万石にも達した九州の雄藩だが、かねてより財政難に苦しんでいた。さらに、戊辰戦争の戦費も嵩んだことで、借財は百二十九万両余にも達する。返済できる見込みはなかった。

福岡藩はこの窮状を打開するため、藩ぐるみで贋金造りに走る。政府が幕府から受け継ぐ形で鋳造していた二分金、一朱金、二分銀のほか、太政官札まで偽造した。贋金（札）は藩の船に積み込まれ、日本海沿岸や北海道での物資買い付けの費用に充てられたが、政府の知るところとなるのは時間の問題だった。

明治三年七月十八日、政府は福岡藩の強制捜査に乗り出し、大参事など藩首脳を次々と拘引した。贋金を使用した北海道でも、同所開発のため置かれた開拓使が福岡藩士たちの捕縛に踏み切る。

四年七月二日、知藩事黒田長知は知事職を罷免され、大参事立花増美ら五人は斬罪に処せられた。通貨の混乱を助長した所行として厳罰が下ったのだ。後任の知事には有栖川宮熾仁親王が任命され、事実上、福岡藩は廃藩となる。廃藩置県が布告されたのは、それから約十日後のことである。

同時期、広島藩でも政府（幕府）が発行していた二分金や天保通宝の偽造が発覚し、政府の取り調べを受ける。藩の内命を受けて贋金造りに携わった鉄問屋の木坂文左衛門は捕らえられ、獄死した。既に明治二年には加賀藩の支藩大聖寺藩でも贋金造りが政府の摘発を受け、武具奉行の市橋波江が責めを一身に負って切腹している。

もはや藩札は発行できず、禁じ手の贋金造りも封じられた。歳入を増やす道が断たれたうえ、莫大な借財を返済する当てもない藩の場合、残された道は元藩主である知事が辞職を申し出ることだけだった。廃藩である。

明治二年十二月二十六日、政府は上野吉井藩や河内狭山藩の廃藩願いを許可し、それぞれ岩鼻県と堺県に合併する。廃藩を願い出た最初の事例だが、廃藩置県を見据えていた政府にとり、こうした動きは渡りに船であった。

廃藩に追い込まれた越後長岡藩

奥羽越列藩同盟に加盟して政府に抵抗した盛岡藩南部家（表高二十万石）は、戊辰戦争の戦後処理において七万石を削られて陸奥国白石への転封を通告された。その後、七十万両の献金と引き換えに転封中止を勝ち取ったが、結局のところ全額を納入することはできなかった。

政府は未納分の献金の代わりとして三万四千石を差し出すよう命じる。追い込まれた南部家は自ら廃藩を申し出るが、これは政府が書いた筋書どおりだった。

政府により廃藩に追い込まれた事例は他にもある。奥羽越列藩同盟に加盟し、新政府軍相手に善戦した越後長岡藩の事例をみていこう。

長岡藩は譜代大名の牧野家が藩主で表高は七万四千石であったが、戦後処理で五万石を削られた。改易された会津藩に次ぐ厳しい処分だ。それだけ、総督河井継之助率いる長岡藩兵は新政府軍を苦しめたのである。継之助は長岡城攻防戦で負った傷がもとで、戊辰戦争最中の慶応四年八月十六日に落命した。

戊辰戦争で敗れたことで約三分の一に身上が縮んだ長岡藩は、政府の指令のもと藩の機構や職制の変更に着手する。明治二年六月に藩庁を政事堂と改め、議政・公務・会計・民政・文武・軍政・監察の七局と藩主の家政を担当する内政局を設置した。薩摩藩の事例でもみたように、藩政と藩主の家政が分離されたのだ。七月には家老が執政、中老が副執政、奉行が参政と改められる。

九月には再び職制が改正され、執政は大参事、参政は権大参事と改称されるが、参事職は藩士の選挙で選ばれた。投票の結果、元家老の牧野頼母、継之助の旧友三島億二郎や小林虎三郎が大参事、継之助の義兄梛野嘉兵衛が権大参事に選出される。

藩政を担う陣容は整ったが、長岡藩にとり最大の課題は窮乏する藩士の生活支援だった。藩財政は破綻状態にあったため俸禄米も十分に支給できず、藩士たちはその日の食べ物にも事欠いていた。

十二月、長岡藩は政府に藩士の窮状を訴えて援助を求めるが、嘆願書は却下される。所領が半分以下に減ったにもかかわらず、長岡藩がそれに見合った改革をしていないことが問題視されたのである。実は、長岡藩は藩士の数が減封前と同じだった。

二万四千石の所領で七万四千石当時の人員を賄えないのは当然であるとして、政府は長岡藩に対して藩士を帰農・帰商させるよう強く求める。藩士たちにお暇願いを出させて農民や商人に転身させよというわけだ。人員整理、リストラである。

実際、財政難に苦しむ他藩では藩士を帰農・帰商させたり、蝦夷地の開拓にあたらせたりすることでリストラを進めていた。そうした努力なしに援助などできないという方針を、政府は長岡藩に示す。

長岡藩は帰農・帰商を藩士に勧奨するが、藩内の反発が強く、自力での再建は断念、廃藩を申し出る。自らの申し出による廃藩だったが、実状は、援助を拒絶した政府に追い込まれた形であった。

明治三年十月十九日、長岡藩知事牧野忠毅は知事職の辞任を申し出る。二十二日に願いは認められ、長岡藩は廃藩となる。旧領二万四千石は柏崎県に合併された（拙著『河井継之助』日本経済新聞出版社）。

政府への不満を募らせる西郷

廃藩置県を待たずに、政府は盛岡藩や長岡藩など中小藩を廃藩に追い込み直轄地（府・県）へ組み込んでいったが、大藩クラスはそのままだった。中央集権国家樹立への道は遠かったが、政府にとり最も不気味な存在は、皮肉にも明治維新の原動力となった薩摩藩である。長州藩とは対照的に、急激な変化は望まなかったからだ。

藩への統制を強化するため制定された藩制にも、反発を隠そうとはしなかった。海軍費を半減させたのもそんな姿勢の表れに他ならない。薩摩藩代表として藩制が諮問された集議院に出席することになっていた伊地知正治などは、その内容に不満で会議に出席しようとはしなかったという。

さて、藩制の原案が審議されている最中の明治三年七月二十六日、衝撃的な事件が東京で起こる。薩摩藩士横山正太郎（初代文部大臣森有礼の実兄）が、政府の現状を痛烈に批判する意見書十箇条を集議院門扉に掲げ、切腹して果てたのだ。

横山が死を賭して認《したた》めた意見書の趣旨は次のとおりである。

御一新にあたり、府・藩・県ともに政府に準じて徳政を敷くべきところ、肝心の政府が幕府の悪弊に染まっている。昨日「非」としたものが今日は「是」となるありさまだ。政府首脳たちは奢侈に走り、下々の困窮ぶりが分かっていない。私利私欲を求める官吏も少なくない。政令も朝令暮改であるため、政府に疑心を持った万民が進むべき道に迷っている（鹿児島県維新史料編さん所編『鹿児島県史料　忠義公史料　Ⅰ　第六巻』鹿児島県）。

政府首脳や官吏が奢侈な生活や私利私欲に走り、政令も朝令暮改だった実態を暴き、自らの死をもって諫言を試みた横山の行動は人々に衝撃を与えたが、その行動に感動して追悼碑まで建立した人物がいる。維新最大の功労者で薩摩藩大参事の西郷隆盛だ。政府の役人は遊興と奢侈に走っているため事を誤る者が多い、という西郷の文章が横山の追悼碑には刻まれていた。

当時、政府内では薩長両藩出身者による権力闘争が繰り広げられるなか、近代化政策を強行する大蔵省が台風の目となる形で政治は非常に混乱していた。そうした現状が横山の糾弾する政令の朝令暮改にもつながっていたが、政治の混乱に拍車を駆けたのが藩から政府に出仕した役人の不正だった。幕府を倒して政権の座に就いたものの驕りが生じ、我が世の春を謳歌していたのだ。まさに驕れる平家のような状態であり、西郷はこの現状に憤激したのである。

当時、西郷は政府の現状に悲憤慷慨していたが、そんな西郷の心情を後世に伝えた者がいる。戊辰戦争では新政府に敵対した庄内藩の藩士たちである。

第2章でも述べたように、庄内藩は会津藩に比べて比較的寛大な処置が取られた。その陰には西郷の配慮があったことを知った庄内藩の主従は、西郷を厚く信奉するようになる。その教えを天下に広く知らしめるため、後に西郷の言行録として著名な『南洲翁遺訓』を刊行するに至る。

維新後、西郷と庄内藩の交流は頻繁だった。明治三年八月十六日には、元藩主酒井忠篤の使者として藩士犬塚盛巍が鹿児島にいた西郷のもとを訪れているが、その際、西郷は政府の現状について次のように語ったという。

今の政府役人は何をしているかというと、その多くは月給をむさぼり、大名屋敷に住み、何ひとつ実績を挙げていない。悪く言えば、泥棒である。

『南洲翁遺訓』の第四ケ条でも次のように語る。

維新直後というのに、政府首脳たちは立派な家屋を建て、洋服を着飾り、蓄財のことばかりを考えている。これでは維新の功業は成就しない。今となっては戊辰戦争という義戦も彼らが私利私欲を肥やすだけに終わった。国に対して、戦死者に対して面目が立たない（山田済斎編『西郷南洲遺訓』岩波文庫）。

自分が討幕により樹立した政府の現状に我慢ならない気持ちを吐露したのだ。かつての同志たちが政府の役人となった途端、政治刷新への意欲を失い、東京で贅沢三昧な生活を送っていることに我慢がならなかった。政府の腐敗・不正への怒りは凄まじく、西郷をして政府批判の色合いが濃い過激な言動に走らせていく。

だが、こうした言動は新たな波紋を生み出す。西郷決起の風聞だ。

藩制が布告された九月、薩摩藩は在京させていた藩兵千人余を帰国させる。ところが、藩制の審議過程で露呈した政府への不満から交代兵を送らなかったため、ある風聞が湧き起こる。政府に不満を持つ薩摩藩が政治刷新を求めて上京してくるのではないか、と。藩兵を率いて上京してくる将とは、もちろん西郷その人である。長州藩が鎮圧したはずの脱隊兵士の残党が、薩摩藩と呼応して決起するという風聞まで飛び交っていた。

政府首脳の大久保や木戸たちは、この事態にどう対応しようとしたのか。

5 薩長両藩による再びのクーデター——廃藩置県の真実

(1) 薩摩・長州藩による政府改革案の浮上

薩摩藩の動向に苦しむ大久保

薩摩藩も長州藩も中央集権を目指す政府への反発が藩内では非常に強かった。中央集権とは藩の独立性を奪うものであり、前章でみた藩制などはその象徴である。藩制の審議過程で異論が続出したのは当然と言えるが、本来ならば政府を支える立場の薩摩藩が抵抗勢力の急先鋒だったのは頭の痛い問題だった。

政府と薩摩・長州両藩の関係は極めて微妙であり、それゆえ両藩から政府入りした大久保と木戸は藩内から冷ややかな視線を浴びせられる。出身母体である薩摩・長州藩の利益を守ろうとはせず、逆に利益が損なわれる施策を進めているとみなされたからだ。

冷ややかというよりも、反発と表現したほうが正確だろう。政府を支えるはずの両藩がこのありさまでは前途は暗く、大久保や木戸の苦悩は深まるばかりだった。

特に大久保にとっては、盟友の西郷までもが政府に批判的だったことには困惑を隠せなかった。正義感の強い西郷は、自分が命がけで樹立した明治政府が腐敗している現状に我慢がならなかった。役人の多くは月給を貪り、大きな屋敷に住み、蓄財のことばかり考えていると糾弾したわけだが、それは藩から政府入りした者、その代表格たる大久保への痛烈な批判に等しかった。

一方、大久保や木戸を筆頭に政府入りした者たちは、維新に貢献した雄藩がその勲功を笠に着て一連の中央集権策に非協力的な姿勢を取ることが大いに不満だった。政府の威信を損なうからだ。だが、そんな雄藩の双璧が皮肉にも自分たちの母体である薩摩藩と長州藩なのだ。

長州藩の場合は脱隊騒動が武力鎮圧されたことで、木戸の威信は高まり、藩内の反発は弱まる。災い転じて福となした格好だが、薩摩藩では依然として政府や政府入りした大久保たちへの反発が収まらなかった。

そして、藩制の審議がきっかけとなり、藩内に溜まっていた不満が噴出する。東京に政府軍として駐屯させた薩摩藩兵約千人の引き揚げという形で白日のもとにさらされてしまった。明治三年九月のことである。諸藩のなかで最大の軍事力を誇る薩摩藩が反政府の旗幟を鮮明にすれば、政府瓦解も現実味を帯びてくる。

薩摩藩の不穏な動きは、既に政府内では問題となっていた。となれば、その矢面に立つのは大久保である。政府と薩摩藩の間で板挟みとなった大久保たち政府出仕の藩士は善後策を協議する。

薩摩藩兵引き揚げの直前にあたる八月二十三日、大久保は民部少輔吉井友実、開拓使次官黒田清隆、鹿児島から上京してきた薩摩藩士大山巖たちと今後の対応を協議した。そして、薩摩藩の反政府的な言動を抑え込み、同藩を挙げて政府の改革に協力させることで合意する。

この合意が、政府の直属軍として薩摩・長州・土佐三藩に藩兵（御親兵）を差し出させ、その強大な軍事力を後ろ盾に政府の改革を実現しようという構想へと発展していくことになるのである。政府の改革とは、封建制から郡県制という中央集権に向けた政治改革に他ならない。

大久保は政府入りしていた在京藩士の総意を国元に伝えようと考えるが、ちょうど適任の人物がいた。ヨーロッパ留学から帰国したばかりの兵部権大丞の西郷従道だ。西郷の十六歳年下の弟にあたる。

薩摩藩を挙げて政府の改革に協力させるには、そのトップである西郷の同意は不可欠である。西郷さえ味方に付けておけば、事は上手く運ぶはずだ。

大久保としては、政府に不満を抱く西郷に自分の決意を伝えたうえで協力を求める心積もりであった。自らを律して官紀を糺し、行政改革を断行して政府基盤の強化をはかる。もちろん、官吏たちにも官紀を厳守させる。

大久保の輿望を担い、従道は兄隆盛のいる鹿児島へと向かった。東京を出発したのは十月十四日のことである。弾正少弼として政府入りしていた薩摩藩士黒田清綱も同行した。

薩長両藩による政府改革

大久保は幕末の頃より良き理解者で協力者でもある大納言岩倉具視に、政府入りしていた在京藩士の総意を伝えて協力を求める。大久保としては、パートナーの長州藩にも藩を挙げて政府改革に協力するよう求める考えだった。皇国の柱石と自認する両藩が強いリーダーシップを発揮し、総力を挙げて政府の改革を断行するのだ。薩長両藩による政治改革である。

同様の意図のもと、明治二年暮れに大久保と木戸は揃って帰藩の途に就いたものの、両者とも所期の目的を果たすことはできなかった。大久保は政府に批判的な島津久光の猛反発に遭い、木戸は脱隊騒動の鎮圧でそれどころではなくなってしまう。翌三年の大久保の構想は、その再チャレンジでもあった。

岩倉は大久保の提案に同意し、木戸を説得する。先に木戸は、薩摩・長州両藩が一致して朝廷のために尽力することで大久保と合意していた。しかし、両藩が力を合わせ強力な中央集権国家を造り上げて内外の課題に臨むこと自体に異論はなかったが、この大久保の提案には二の足を踏む。三条たち他の政府首脳も同様だった。

薩摩藩にせよ長州藩にせよ、藩を挙げて政府の改革に協力するとなれば、多数の藩士つまりは藩兵が政府軍に編入される流れとなる可能性が高かった。実際、そうなる。だが、それでは政府が両藩の意向に今まで以上に左右されてしまう。独立性の強い雄藩のなかでも薩長両藩は双璧であり、その非協力的な姿勢に政府の威信はこれまで大いに傷つけられてきた。

脱隊騒動を経て木戸（政府）が藩内での威信を高めた長州藩はともかく、政府への反発を強める薩摩藩の兵士をこれ以上政府軍に加えては、中央集権の方針に逆行するのではという危惧を政府首脳は共有していたのである。幕末以来、薩摩藩に対して強い不信感を持ち続けている木戸にしてみると、薩摩藩は強大な軍事力をもって政府を牛耳ろうとしているのではという警戒心を解くことはできなかった。

そんな心中をよく分かっていた大久保は、岩倉の助けも借りて木戸を説得する。薩摩藩には政府を牛耳ろうという野心など毛頭ないのだと。同じく薩摩藩の野心を警戒する三条たちにもそう粘り強く説得した。

その結果、木戸も大久保の構想に協力することを約束する。木戸が大久保の説得に折れたことで、大勢は決まった。

十月二十七日、政府は薩摩・長州藩の力を借りて改革を断行する方針を決定した。

勅使岩倉具視の鹿児島・山口派遣

大久保の奔走により、薩長両藩を挙げての改革路線で政府首脳がまとまった頃、鹿児島に到着した西郷従道と黒田清綱は西郷の説得にあたっていた。

二人から政府改革に対する大久保の強い決意を聞いた西郷は、政治刷新のための自身の要望が叶うならば、政府への協力は厭わないとの考えを示した。要するに、自ら薩摩藩兵を率いて東京に赴き、政府入りすることも否定しなかった。藩内で久光との関係に悩んでいた西郷としては、その状況から脱したいという思いもあったはずだ。

政府の対応によっては西郷のみならず久光の上京の可能性もあると、二人は踏んでいた。つまり、三条か岩倉のどちらかが勅使として鹿児島に下向し、上京を促せばよいと考えたのである。

薩摩藩を取り仕切る西郷が政府への協力姿勢を示し、西郷と久光の上京の可能性まで出てきたことを、大久保が二人からの書面で知ったのは十一月十四日のことだった。翌十五日、大久保は吉井や黒田清隆たちと協議し、自ら帰藩することを決意する。

大久保から薩摩藩の情勢を聞かされた岩倉は、勅使として赴くことを自ら申し出る。木戸も帰藩する意思を大久保に伝えた。長州藩を挙げて政府の改革に協力させるため、自分も藩内を説得するつもりだった。となれば、岩倉は長州藩にも勅使として赴かなければならない。

ここに、岩倉が勅使として薩長両藩に差遣され、大久保と木戸も勅使に随行する形で帰藩することが決まった。二十五日のことである。

二十九日、大久保と木戸は海路、兵庫へと向かった。当時、岩倉は京都にいたため、二人は兵庫から京都に入っている。

十二月五日、京都に集まった岩倉・大久保・木戸はもろもろ協議した後、岩倉と大久保は鹿児島へ、木戸は山口に向かう。薩摩藩、長州藩の順で、岩倉は政府への協力を求める勅書を伝達する予定だった。

十五日、岩倉は海路、大阪から鹿児島へ向かった。大久保のほか、長州藩士で兵部少輔の山県有朋と薩摩藩士で兵部権大丞の川村純義も随行した。薩摩・長州両藩兵をさらに政府軍に編入させる話が出てくることを想定し、兵部省を取り仕切る山県たちも帰藩したのである。

西郷の上京決定と御親兵の創設

十二月十八日、岩倉たちは鹿児島に入った。知藩事の島津忠義と大参事の西郷が勅使一行の宿舎に早速出向いている。

岩倉が勅使として鹿児島城に入り勅書を忠義に伝達するのは二十三日のことだが、それまでの間に大久保たちは西郷と協議し、政府改革への協力そして西郷上京の確約を得ておかなければならなかった。薩摩藩を挙げて政府に協力させるための根回しが本格的にはじまる。

この時、西郷は岩倉に二十四箇条の意見書を提出している。意見書に込めた要望を受け入れてもらえれば、政府に協力するという姿勢を示したのだが、その内容は以下のようなものであった。

官吏の奢侈な生活や腐敗を憤る西郷は、その綱紀の粛正を強く求めた。それなくして政府の改革など到底なし得ないという考えが根底にあった。

財政を顧みず、政府が急進的な近代化政策を進めることにも否定的だった。近代化政策断行のため大蔵省が財源確保に走ったことが全国的な一揆や騒動の頻発を招いたので、西郷がこれを問題視したのは間違いない。

ただし、西郷自身は政府が進める中央集権の方針自体には反対しておらず、その点、久光とは一線を画していた。後に西郷が廃藩置県の提案に異議なく賛成した理由は、まさにこの点に求められるのである。

西郷はこの意見書で、政府の意向を全国に貫徹させるには軍事力の裏付けが必要と指摘していた。軍事力を後ろ盾に改革を断行すべきというわけだが、政府はそれに欠けたため諸藩の意向に振り回されている。

よって、雄藩から精兵一万人余を献上させて天皇の御親兵とし、政府の方針に従わない藩はこの御親兵をもって征伐するよう主張した。廃藩置県の断行時に、西郷が唱えたことと全く同じだ。御親兵を献上する雄藩として、薩摩藩や長州藩が念頭に置かれていたのは言うまでもない。

岩倉や大久保が西郷の主張に全面的に賛意を示したことで、政府改革への薩摩藩の協力そして西郷上京も事実上決定した。二十二日のことである。西郷が御親兵となる薩摩藩兵を率いて上京するレールが敷かれた。

西郷にしてみると、藩兵を政府に献上することで藩の財政負担を減らせるメリットがあった。当時、薩摩藩は一万三千人余という日本最大の常備軍を抱え、その維持費用に苦しんでいたからだ。

しかし、山県たち率いる兵部省側にとり、薩摩藩兵を御親兵として政府軍に編入することには不安があった。もともとは藩士であるから、政府と藩が対立する場面がやってきた時は、政府の命令に背いて藩に走るのではないか。

既に東京には、版籍奉還以後の政府を主導する薩摩・長州・土佐・佐賀藩の藩兵が常備兵として駐屯したが、いわば傭兵だったため兵部省はその扱いに苦労していた。実際、薩摩藩が駐屯させた常備兵は交代時期であるとして帰国してしまい、その後、交代兵も送ろうとはしなかったことは前章で述べた。

実は、藩兵を引き揚げてしまったのは薩摩藩だけではなかった。当時、土佐藩も東京に常備兵として駐屯させていた藩兵の処遇をめぐって兵部省と対立し、薩摩藩に続いて藩兵を引き揚げる事態も起きていた。

そのため、山県は西郷に次のように念押しする。一朝事ある時は、主君たる薩摩藩主に向かって弓を引く決心はあるか。西郷はそのつもりであると返答したため、薩摩藩兵が御親兵となることを兵部省も受け入れた。

二十三日、岩倉は鹿児島城に入った。忠義に長州藩とともに政府への協力を命じる勅書を伝達し、父久光とともに上京するよう求めた。薩摩藩を挙げて政府に協力するとなれば、その象徴として知藩事の上京は不可欠となる。薩摩藩の場合は、事実上の藩主である久光の上京も必要だった。

その際には、西郷も伴うよう求めた。西郷の上京を認めようとしない久光への牽制に他ならない。

翌二十四日、ようやく久光が岩倉の宿舎を訪れる。上京を強く促す岩倉に対し、病気であると最後まで渋っていた久光だったが、二十五日に西郷を岩倉の宿舎に赴かせる。西郷を自分の代わりに上京させ、自身も体調の回復を待って、来春上京すると返答させた。

二十八日、所期の目的を達した勅使岩倉一行は大久保たちのほか西郷も伴い、鹿児島を出立して山口へと向かった。

薩摩・長州・土佐三藩の提携成立

翌四年正月七日、岩倉一行は山口に入った。前藩主毛利敬親に、島津忠義宛と同内容の勅書を示した。

十日、敬親は長州藩を挙げて政府に協力すると奉答した。久光と同じく上京を求められていたが、病気を理由に上京の件は猶予を願う。実際、敬親は病身であり、三月二十八日に死去する。

一方、岩倉に同行して山口入りした西郷と大久保は、木戸や長州藩権大参事杉孫七郎と協議し、同藩の藩兵も御親兵とすることで合意した。

十四日、岩倉は帰京の途に就くが、西郷・大久保と木戸・杉は海路、高知へと向かった。土佐藩も薩長両藩による政府改革路線に加えるためである。山口入りした西郷と大久保が木戸に提案し、その賛同を得ていたのだ。

当時、土佐藩は薩摩・長州藩に対抗して大規模な兵制改革を進めていた。さらに、二年四月から三年九月にかけて四国十三藩を集めた四国会議を主宰したが、それは薩摩・長州両藩の反目が動乱を招く事態を想定したものだった。土佐藩が四国諸藩を率いて、政局でイニシアチブを取ろうというのである。

三年二月には知藩事の山内豊範が鹿児島を訪れ、薩摩・長州・土佐三藩が盟約を結んで朝廷を輔翼することを提案している。これにしても土佐藩が政府の主導権を握ろうという狙いが秘められており、薩長両藩としては土佐藩の動きは油断ならないものだった。西郷・大久保・木戸が政府改革路線に土佐藩を引き入れようとしたのは、同藩の動きを封じる目的もあったことは想像するにたやすい。

一方、岩倉は薩長両藩以外の雄藩も国政に参加させたい構想を持っており、土佐藩も引き入れようという西郷たちの申し出に異論はなかった。

十七日、西郷たちは高知に入る。十九日には土佐藩大参事板垣退助と権大参事福岡孝弟と会談し、土佐藩も薩長両藩による政府改革路線に加わってほしいと要請した。

二十日、知藩事山内豊範の了承を得たことで、土佐藩の方針も確定する。岩倉が勅使として赴くことはなかったものの、土佐藩も藩を挙げて政府改革に協力すると誓ったのである。

薩長土三藩の連携が成立したことで、土佐藩兵も御親兵に組み入れることになった。土佐藩を代表して、板垣が上京することも決まった。

既に岩倉は帰京の途に就いていたが、薩長土三藩の連携が成立したことで、西郷・大久保・木戸も東京へと向かう。海路、横浜に到着したのは二月二日のことである。板垣も東京に急ぎ向かった。

二月八日、三藩を代表する西郷・大久保・木戸・板垣たちは東京の三条邸で会合する。同十日、薩摩・長州・土佐三藩の藩兵を御親兵として献上することが、三条・岩倉・参議たち太政官の会議で決定した。

なお、政府を支える四藩のなかで佐賀藩のみ御親兵献納には加わっていないが、同藩はこれに異を唱えていない。幕末の政局には関与せず、明治に入ってから中央政界に登場してきた佐賀藩としては、幕末以来、政局でイニシアチブを発揮してきた三藩に遠慮したのかもしれない。

十三日、政府は三藩に藩兵を御親兵として差し出すよう命じる。二十二日には、薩摩藩の歩兵四大隊・砲兵四隊、長州藩の歩兵三大隊、土佐藩の歩兵二大隊・砲兵二隊・騎兵二小隊を御親兵として召し出す旨の布告も出された。所属先は兵部省である。兵営は紀州藩赤坂中屋敷と水戸藩小石川上屋敷が予定されていた。

しかし、三藩による御親兵の献納は予定通りに進まなかった。またしても、薩摩藩と長州藩が反目しあい、長州藩の到着が大幅に遅れてしまったのである（松尾正人『維新政権』吉川弘文館）。

(2) 政治改革をめぐる薩長両藩の暗闘

御親兵の東京到着

政治改革に対する大久保の強い決意に共鳴した西郷は、強大な軍事力を後ろ盾に改革を断行すべきという考えのもと、藩兵を御親兵という名の政府直属軍とすることを提案した。

この提案は政府に採用され、薩摩・長州・土佐藩の兵士が御親兵として献納される運びとなった。

これまで、薩摩・長州・土佐・佐賀の四藩は直属軍を持たない政府のため東京に藩兵を常備兵として駐屯させていた。だが、今回の御親兵は政府に献納するものであり、所属先はそれぞれの藩ではなく政府（兵部省）だった。

西郷に言わせれば、政府は軍事力の裏付けに欠けるため、その意向を全国に貫徹させられず、諸藩の意向に振り回されている。よって、政府の方針に従わない藩は御親兵をもって討伐すればよい。

御親兵創設の決定を受け、上京してきた西郷をはじめ薩摩・長州・土佐藩首脳部は準備のため帰国の途に就く。三藩は東京へ連れていく兵員の人選を急ぎ進めた。

四月十六日、西郷率いる薩摩藩兵が知藩事の忠義を奉じて東京へと向かった。久光も上京する約束であったが、病気ということでまたしても上京しなかった。

政府に批判的で、もともと上京に気が進まなかった久光としては病気を理由に断ったわけだが、これが仇となる。久光も上京していれば、その視線を絶えず意識していた西郷は廃藩置県にやすやすと賛同できなかったはずである。

実は西郷の上京に際して、久光は廃藩の議が起きるのを予想し、これに同意してはならないと約束させていた。この後、久光との約束を破ってしまう西郷は、その憎悪に終生苦しめられる。

薩摩藩は歩兵四大隊と砲兵四隊で総勢三千百七十四人を差し出した。三藩では最大の兵力だ。これに長州・土佐藩兵が加わるため、御親兵は総勢八千人に達した。それも戊辰戦争勝利の原動力となった精強部隊の選りすぐりであり、装備も最新鋭だった。

その屯所は紀州藩赤坂中屋敷と水戸藩小石川上屋敷が予定されていたが、尾張藩の市谷上屋敷に変更される。かつては尾張藩の下屋敷で、当時は静岡藩の屋敷となっていた戸山屋敷も御親兵屯所に指定された。

藩兵を献納した三藩側には薩摩藩の事例でみたように、軍事費が軽減できるのではという期待があった。既述のとおり兵員の維持には莫大な費用を要するため、財政難の大きな要因となっていた。御親兵創設に同意した裏には、人件費を減らして少しでも財政負担を減らしたい目論見があった。

御親兵創設を受け、兵部省は予算を策定している。兵士八千人に要する経費を年間百二十万両と見積もっており、兵士一人につき百五十両の出費となる計算だった。薩摩藩などは一万二千人にも及ぶ常備軍を保持していたが、この数字をあてはめれば、兵員を維持するだけで年間百八十万両が消える。いかに、軍事費が藩財政に負担となっていたかが分かる数字である。

当時、政府は諸藩の動向もさることながら、前章でみたような近代化路線つまり開国和親の方針に反発する過激な尊攘派浪士たちの動きにも神経を尖らせていた。御親兵の討伐対象には、政府の方針に異を唱える尊攘派浪士も含まれた。

こうして、西郷や大久保たちは東京に集結した御親兵の軍事力を背景に政治改革に取り組んでいくが、前途は多難だった。なぜなら廃藩置県の断行に追い込まれるからなのだが、その前に想定外の事態に直面してしまう。

木戸の不審を買った薩摩藩の行動

西郷率いる薩摩藩兵が東京に到着したのは、四月二十一日のことである。続けて土佐藩兵も東京に到着したが、長州藩兵の到着は大幅に遅れる。それには長州藩の藩内事情に加え、薩摩藩の不可解な行動が背景にあった。

木戸が東京から山口へと戻ったのは、三月二日のことである。早速、前藩主毛利敬親と知藩事毛利元徳に拝謁し、藩兵を御親兵として差し出すようにという政府からの命令を伝えた。

折しも、長州藩は脱隊騒動を受けて藩士の再編成を進めている真っ最中であった。藩士を一律に士族として統一しようとしていたのだが、これにしても兵制改革に他ならない。しかし、藩内の反発も強かったためスムーズには進まず、御親兵の編成が遅れる原因にもなっていた。

二十八日には、かねてから病気だった敬親が病死する。激動の時代を藩主として乗り切った敬親の死は藩内に大きな衝撃を与えた。精神的支柱を失ったことで、藩士たちの動揺は避けられなかった。敬親の死そして葬儀により、御親兵編成の準備は一層遅れざるを得なかったのだ。

さらに、木戸にとり看過できない情報が入る。

木戸が帰藩中の明治四年三月、政府の巡察使として豊後日田に入った陸軍少将の四条隆謌は久留米藩知事有馬頼咸に謹慎を命じ、権大参事の吉田博文を罷免する。さらに、長州藩兵や熊本藩兵を日田から久留米へと送り込み、大参事の水野正名たちを脱隊騒動の黒幕とされた大楽源太郎を匿った咎で日田へ護送させたことは前章で述べた。

脱隊騒動に参加した兵士を匿っていた久留米藩に対し、政府首脳としての顔も持つ木戸は断固たる姿勢で臨む。政府は木戸の強い要請もあって強制捜査に乗り出したわけだが、日田への出兵を命じられたのは薩摩・長州・熊本の三藩であった。

ところが、薩摩藩兵を率いて日田に出向いた権大参事の大山綱良はにわかに兵を引き揚げてしまったため、木戸は疑念を抱く。もともと、薩摩藩は政府からの出兵命令になかなか応じようとはせず、木戸の不審を買っていたが、派遣した兵士を引き揚げてしまったことで、その疑念は増幅する。

久留米藩では薩摩藩に窮状を訴え、政府の介入から何とか逃れようとしていた。薩摩藩をして、政府に圧力をかけようとしたのだろう。大山の行動の裏には、久留米藩による工作があったことは想像するにたやすい。

薩摩藩は長州藩とは異なり、脱隊騒動が飛び火した形で広がった久留米藩などでの反政府運動に厳罰をもって臨むことに消極的であった。しかし、あたかも久留米藩に助け舟を出すかような行動は木戸を苛立たせ、その態度を硬化させるのに十分だった。こうして、長州藩献納予定の御親兵の上京時期は見通しが立たなくなってしまう。

木戸が薩摩藩の行動に疑念を抱いていることを知った大久保は、事態収拾のため、西郷従道とともに急ぎ山口へと向かう。五月三日のことである。木戸が薩摩藩に疑念を抱いたままでは、両藩が協力して政府改革に臨むという方針が瓦解するのは火を見るよりも明らかだった。

何としても誤解を解かねばならない。そんな焦りが滲み出ているかのような大久保の慌てぶりだった。

山口に到着した大久保と従道は同十二日に木戸と会い、薩摩藩兵引き揚げについて陳謝し、元徳と木戸の上京を強く求めた。木戸も大久保の謝罪を受け入れ、二十七日には東京に戻っている。

大久保の奔走により事態は収拾されたが、藩の兵制改革が進んでいなかったこともあり、御親兵の選抜はさらに遅れる。ようやく六月末に、長州藩が差し出した歩兵三大隊が東京に到着した。

官制改革をめぐる衝突

御親兵が東京に集まりはじめたのを受けて、政府内では改革断行のための組織の改変作業が進む。この明治四年の官制改革の中心となっていたのは大久保であった。

当時の政府組織を整理しておこう。

明治二年七月八日、政府は官制改革を断行し、二官（神祇官・太政官）六省（民部・大蔵・兵部・刑部・宮内・外務）を設置した。その後の人事異動により、御親兵到着時の太政官の陣容は以下の通りである。

太政官トップの右大臣は三条実美。その下の大納言は岩倉具視、徳大寺実則、正親町三条実愛。参議には薩摩藩士の大久保、長州藩士の木戸、土佐藩士の佐々木高行と斎藤利行、佐賀藩士の大隈重信と副島種臣が名を連ねた。薩長土肥四藩の藩士で占められていた。

太政官の下に置かれた六省の長官（卿）は主に公卿が任命されたが、実権を握る大輔や少輔は薩長土肥の藩士から選ばれた。版籍奉還を藩主連名で建白した薩長土肥四藩の連合政権ではあったが、政府内の足並みの乱れつまりは権力闘争が政治の混乱を招いていた。よって、大久保は以下のような官制改革を通じて、強力なリーダシップを持つ政府を作り上げようと目論む。

大納言と参議を廃止して左大臣・右大臣・准大臣を置き、大臣に太政官の権力を集中させる。各省の長官たる卿に参議の職務を兼ねさせ、太政官に取り込むことで各省を完全に統制下に置くことを狙った。太政官主導による政府の強化案だ。左大臣は三条、右大臣には岩倉が想定されていたようである。また、天皇の教育と宮中を管轄する中務省の設置も提案していた。

その裏には、前年六月の四参議辞職騒動で露わになったように、太政官が実務を担う各省をコントロールできず、政府内が分裂寸前に陥ったことへの深い反省があった。大久保は連名で辞表を提出した四参議の一人でもあった。

大久保の改正案には、各省の権限を削る狙いが込められていた。民部省を分離したとはいえ、依然として広範な権限を持つ巨大官庁の大蔵省を狙い撃ちにした官制改革と言ってよい。

そのため、大蔵省を取り仕切る少輔井上馨は異論を唱える。井上の後ろ盾だった木戸も、東京に戻ると大久保案に異を唱えたが、木戸が反対した理由は少し違っていた。大納言と参議を廃止し、各省の長官に参議を事実上兼ねさせる形では、各省の力が強くなりすぎて太政官がコントロールできなくなるとみたのだ。

木戸は大久保に対案を示す。大納言と参議は存続させ、その増員と権限強化により、各省をコントロールしようという改正案であった。

西郷と木戸が政府首班となる

木戸の案では政府が強力なリーダシップをもって改革を断行することは難しいと考えていた大久保だが、さりとて無下に退けるわけにはいかなかった。長州藩との協力関係がこの政府改革の前提である以上、自分の主張を押し通すことはできない。木戸に妥協する必要があった。

御親兵となる薩摩藩兵を率いて東京に到着していた西郷は大久保の苦衷をみて、明治四年六月一日に次のような提案を行う。木戸のみを参議とし、他の参議は全員辞職する。そして、政府入りしている薩長土肥の藩士たちが木戸を支える体制を作り上げる。

大久保は組織の改変により強力なリーダシップを持つ政府を作り上げようと目論んでいたが、西郷は人事から手を付けるよう求めたのである。西郷に言わせると、御親兵を献納した薩長土の三藩が単に結集しただけでは意味がない。三藩の主宰者を推戴し、その下で三藩の有力者が手足となって働くことが必要という考えのもと、木戸のみ参議とするよう提案したのだ。

西郷や大久保たち薩摩藩としては、一歩退いて木戸を立てることで、長州藩との協力関係を強固なものとし、併せて三藩の一致団結を目指した。大久保は西郷の提案に賛同し、根回しをはじめる。

三条や岩倉に提案して賛同を取り付けるとともに、井上と山県をして木戸の説得にあたらせた。土佐藩については、西郷が板垣にかけ合って了解を取り付ける。

あとは、木戸自身が参議就任を承知するのみとなったが、ここで話が止まってしまう。木戸が断固拒否したからだ。

木戸にしてみれば、自身が提示した官制改革に関する対案への結論も出ていないうちに、政府トップに祀り上げられてはたまらない。これでは、大久保たち薩摩藩に政府内の主導権を奪われてしまうと危惧したのだ。

大久保は膠着した事態を打開するため、秘策を提示する。大納言・参議の廃止案は撤回したうえで、木戸だけでなく西郷も参議に就任する。

両藩が協力して政府改革を進める姿勢を明示するために、両藩の代表者である西郷と木戸のみが参議に就任し、その下で三藩の有力者が手足となって働くという案だ。大久保からの提案を西郷は受け入れる。木戸が就任要請を受け入れれば、西郷・木戸を事実上の首班とする連立政権が成立する。

政府改革のため上京した西郷としては、官制改革をめぐって長州藩と衝突し、膠着した事態に陥ったことはとても看過できなかった。このままでは政府改革は頓挫しかねない。政治の腐敗を糺すこともできない。しかし、自分が参議就任を受諾すれば、木戸も拒否できないはずだ。

それでもなお木戸は参議就任を渋ったが、ここで大隈が次のように説得する。官制改革は一時棚上げとする。西郷と木戸が参議に就任した後に、各省の卿や大輔などの高官が協議し、官制改革についての結論を出す。

要するに先送りであったが、木戸にしてもこのままでは政府の改革が頓挫してしまうのはよくわかっていた。薩摩藩と協力して政府改革を進めるうえでも、同藩の提案を無下に退けるわけにもいかなかった。

ついに、木戸は参議就任を受諾する。六月二十五日のことである。これにより、大久保たち他の参議は免職となる。

次は各省の人事、先送りにされた官制改革に取りかかる段となるが、今度は大久保が反発する。その審議過程で議論百出となり、肝心の政府改革はデッドロックの状態に陥ってしまうのである。

制度取調会議の混迷

長州藩との協力関係を維持するため、大久保が大納言・参議の廃止案を撤回したことで、太政官の首脳部は右大臣の三条、大納言の岩倉・徳大寺・正親町三条、参議の木戸が留任し、新たに西郷が参議として加わった。西郷の場合は薩摩藩大参事との兼任であり、極めて異例の人事だった。

六月二十七日からは、各省の人事が発令される。人事権を持っていたのは、太政官の三職（右大臣・大納言・参議）だ。大蔵省については参議だった大久保が大蔵卿に、同じく大隈が大輔に横滑りしている。

大久保は目の敵にしていた大蔵省を牛耳る立場となったが、別に提案済みの中務省の設置は中止となる。大久保の案では天皇の教育と宮中を管轄する官庁と位置付けられていたが、既に宮内省もあったことから設置は見送りになったのだろう。

第1章でみたように、大久保は天皇を公家や女官から引き離すことに熱心であった。ヨーロッパの君主をモデルに天皇を教育するとともに、その生活環境を変えようとはかったが、公家や女官が立ち塞がり、大久保はなかなか思うに任せなかった。

よって、天皇の教育と宮中を管轄する官庁を置くことでその改革を目指したのだが、中務省の設置は見送られてしまう。公家たちの反発を三条や岩倉が慮ったのかもしれないが、中務省の設置に力を入れてきた大久保にとっては全く不本意なことであった。苛立ちを隠し切れなかった。

一方、人事よりも官制改革を重視する木戸は西郷たちに説き、六月二十九日に制度取調会議を立ち上げる。官制改革を審議する機関だ。会議の議長には参議の西郷と木戸が就任し、大久保たち各省の高官が制度取調委員として名を連ねた。

七月五日より同会議は開かれ、議事規則が定められる。六日には委員の権限に加えて翌日からの審議開始が決まるが、七日は会議が開かれず、八日から実質審議に入る。

ところが、会議は議論百出の状況に陥り、何も結論が出なかった。政府の現状に対する危機意識は共有していたものの、先の大久保と木戸の対立に象徴されるように、委員たちの政治構想はバラバラだったからだ。各自の政治構想が官制にも反映される以上、当然の結果である。そんな状況が政治の混乱を招いたわけだが、同じ轍を踏んでしまう。

議論は官制改革という組織・人事の問題にとどまらなかった。ヨーロッパ諸国を参考に君主権をどこまで認めるかなど政治体制の問題にまで発展し、収拾がつかなくなる。政府内が一枚岩ではない現状がまたしても露わとなり、いわば船頭多くして船山に上るの状態に陥る。

強力なリーダシップを持つ政府を作り上げようとしていた大久保にとり、これは想定内の事態だった。そのため、最初の五日の会議に出席した後は、委員でありながら会議に出席していない。

果たせるかな、審議は初日同様に議論百出となり、失望した委員たちも欠席がちとなる。ついには、木戸まで欠席してしまう。匙を投げたのだ。

御親兵という強大な軍事力を手に入れたものの、政府内は官制改革の問題で紛糾する。肝心の政治改革の見通しは全く立たなくなった。

薩長土三藩の提携による政治改革は入り口の段階で暗礁に乗り上げるが、それだけではない。御親兵を献納して一致団結を誓ったはずの三藩の提携も崩壊寸前だったのである（勝田政治『廃藩置県』講談社選書メチエ）。

(3) 土佐藩の多数派工作の動き

岩倉具視の政府改革案

西郷や大久保と幕末の政局をともに走り抜け、明治維新の立役者の一人となった岩倉は薩摩藩との関係が非常に深い公家である。特に大久保の良き理解者・協力者だったが、政府首脳である以上、薩摩藩のためだけに動いたのではない。尊攘派浪士による反政府運動に加えて農民たちの一揆・騒動も収まらない現状に強い危機感を抱き、薩長両藩以外の雄藩も取り込むことで政府の強化を目指していた。

だからこそ、薩長両藩挙げての政府改革に土佐藩も引き入れたいとの西郷たちの申し出には異議なく賛同する。こうして、薩長土三藩の提携が急遽成立した。

岩倉は勅使として鹿児島・山口に向かう前、大久保に次のような提案を行っていた。薩摩・長州藩を基軸に、土佐・佐賀・尾張・福井藩にも国事を諮詢することで政府強化をはかる。今後の政治体制では、他の雄藩にも諮問・答申というスタイルで国政に参与させたいという構想を開陳したのだ。

土佐・佐賀藩は既に政府入りしていたが、注目されるのは岩倉の構想に尾張藩と福井藩が入っていることである。第1章でみたように、新政府は薩摩・広島・土佐・尾張・福井五藩の雄藩連合政権として誕生する。後に長州藩も加わるが、広島・尾張・福井藩は政権から次第にフェードアウトしていく。版籍奉還後は新たに佐賀藩が加わり、薩長土肥四藩が政府を支える体制となる。

岩倉としては、新政府樹立に貢献した雄藩を再び取り込むことで、政府の権力基盤を強化しようと考えたわけだが、頼みの薩摩・長州両藩が事あるごとに衝突を繰り返したことには不安を感じていただろう。そんな不安が薩長両藩以外の雄藩を取り込もうという動機になったことは否めない。

一方、フェードアウトした形の尾張藩なども国政参画の意思を別に捨てたわけではなかった。政情が不安定となった結果、薩長土三藩の提携による政治改革の方向性が政府内で示され、東京に御親兵が集結してくるとなれば刺激を受けないはずがない。

明治四年四月、尾張藩は知藩事の徳川慶勝が軍事や学校制度の統一などを政府に建議する。前年九月に岩倉が作成した「建国策」の趣旨に相通じる内容だった。諸藩が割拠する封建制の弊害を取り除き、中央集権（郡県制）を目指す建議である。

岩倉の構想には入っていなかった他の雄藩も、既に同様の建議を行っていた。四年一月、徳島藩は知藩事の蜂須賀茂韶が軍事の兵部省への一元化、藩の統合による県の設置つまり廃藩置県を建議する。鳥取藩も知藩事の池田慶徳が同様の建議を行った。

当時は、廃藩置県を見据える政府が藩への統制を強め、その独立性を骨抜きにしつつあった時期である。薩摩藩を筆頭に藩側の反発を招く一方で、財政難に陥っていた中小の藩は存続を断念し、自ら廃藩を申し出る。政府は廃藩願を受理した後、政府直轄地に組み入れて新たに県を置いた。こうした郡県制への流れは明治二年十二月にはじまり、緩やかに進行していた。

欧米列強に対抗できる強力な国家を造るには、中央集権を目指すしかなかった。これまでのように藩が割拠する封建制では無理だった。もはや郡県制への流れを止めることはできない。廃藩置県の布告に猛反発した島津久光でさえ、いつの日かは分からなかったが、その時が来ることを覚悟していたぐらいなのである。

尾張藩などの建言はそんな時代の趨勢を踏まえたものだが、政府の方針を先取りすることで国政参画を狙う意図も秘められていた。

「大藩同心意見書」の作成

一連の雄藩の動きを好機とみた岩倉は「大藩同心意見書」を作成し、三条に示す。四年四月のことである。

前年九月、岩倉は大久保たちの意見を踏まえて「建国策」十五箇条を作成し、兵制・民政・財政などを府・県・藩問わず全国一律のものとし、それぞれ各省が総轄するなどの方針を示した。十一月からは、国法会議の場で具体的な方法が協議されていたことは前章でも述べた。

四年四月の「大藩同心意見書」とは、「建国策」に込められた中央集権の方針を雄藩も賛同（同心）していることを示すため作成されたものだった。岩倉の意を受け、当時参議の大隈が起草したという。

三年九月、大隈は大蔵大輔から参議に就任する際、諸藩の兵制・民政・財政を兵部・民部・大蔵省が統一して管轄する必要性を説いた意見書を提出する。大蔵省を取り仕切る立場だった大隈は、日本全国の石高三千万石のうち政府直轄地（府・県）は八百万石にも満たず、いわば三割弱の税収で全国を対象とした政策を遂行することの限界を痛感していた。よって、諸藩の財政のみならず、その兵制も民政も政府が統一して管轄するよう主張したのだ。さもなくば、欧米列強に対抗できる国家など樹立できない。

まさに岩倉が「建国策」で示したかったことであった。同じ考えの持ち主と認めていたからこそ、大隈をして「大藩同心意見書」を起草させたのだ。

この意見書では雄藩が賛同していることが十八箇条にわたり列挙されていたが、なかでも兵制・民政・財政・刑法を統一して各省が管轄する、藩名を廃して州・郡・県を置くという条目が注目される。

州・郡・県を置くとは、現石（年貢として収穫可能な石高）十五万石以上の藩は州、五万石もしくは七万石以上の藩は郡、二万石もしくは二万七千石以上の藩は県とし、二万石以下の藩は統廃合する構想である。雄藩はそのまま州・郡として存続し、小藩は廃藩置県というわけだ。

そのほか、知藩事は東京府の管轄下に置かれるべきこと、家禄は大蔵省に上納して東京府から受け取ることなども挙げられていた。封建領主としての独立性を自ら否定し、政府任命の地方官たることを誓う内容だった。

すなわち、政府が諸藩に対して望んでいたことを「大藩同心意見書」という形で雄藩側から申し出させることで、中央集権への流れを一気に加速させようと岩倉や大隈は狙ったのである。

薩摩藩と土佐藩の因縁

明治四年に入ると、政府からフェードアウトしていた尾張藩のほか、幕末の政局で薩摩・長州藩の後塵を拝し続けてきた徳島藩や鳥取藩などの雄藩も、中央集権を目指す政府の方針を先取りする建言を申し立てるようになるが、国政参画を狙う雄藩の盟主として急浮上してきた藩もあった。薩摩・長州藩と一致団結していたはずの土佐藩だ。

薩長両藩にとり、土佐藩の動きは油断ならないものであった。薩長二藩から薩長土三藩の提携となった背景には同藩の動きを封じる目的も秘められていたが、幕末以来の土佐藩との因縁をさかのぼれば、そうした疑念は首肯できるものなのである。

明治維新までの土佐藩の動向を整理しておこう。

土佐藩は外様大名の山内家が藩主で、土佐一国二十万余石を支配する国持大名である。これは表高で実高は五十万石近くもあり、紛れもない雄藩だった。

ただ、外様大名とはいいながら、関ヶ原合戦の論功行賞で藩主山内家が遠州掛川六万石から一躍土佐一国を支配する大名に抜擢された歴史があった。関ヶ原合戦で徳川家と敵対した薩摩藩主島津家や長州藩主毛利家とは違って徳川恩顧の大名とみなされ、幕末の政局でも徳川家（幕府）を支持する政治スタンスを取る。

土佐藩の最高実力者である前藩主山内容堂も最後の将軍徳川慶喜を支持する立場を堅持し、新政府の議定に就任した後も慶喜への配慮を忘れなかった。その点、新政府内では尾張藩や福井藩と同じ立場であり、王政復古直後の小御所会議では慶喜の新政府入りを強く主張したほどだった。

しかし、藩内事情は複雑で、尊王攘夷を旗印に長州藩と連携して幕府を追い詰めようとする藩士もいた。土佐勤王党の領袖である藩士武市半平太がそのリーダーである。

容堂は武市たちを粛清することで、その動きを抑え込む。だが、容堂の対応に不満な藩士も少なくなく、藩内は一枚岩になり切れなかった。

慶応三年六月、土佐藩を主導する後藤象二郎は慶喜に政権を返上（大政奉還）させ、朝廷のもとに新政府を樹立するという線で薩摩藩と合意する。いわゆる薩土盟約だ。政権を朝廷に返上するとは、慶喜が将軍の座から自ら降りて一大名となることを意味する。幕府の消滅である。

薩摩藩を率いる西郷・大久保たちは、慶喜から将軍職を剝奪して幕府を消滅させることを目指していた。武力であろうと大政奉還の建白書であろうと、慶喜が将軍の座から降りればそれでよく、土佐藩の方針に相乗りする形で盟約を結んだ。

ところが、九月に入ると、その盟約は解消される。薩摩藩が武力をもって慶喜から将軍職を剝奪することを優先させたからだ。土佐藩が慶喜に提出予定の大政奉還建白書に拘束されることなく、軍事行動を起こすと決める。

慶喜が建白書を却下した後ならばともかく、その成否もはっきりしないうちに、薩摩藩が軍事行動を起こすと決めたことに土佐藩は困惑する。容堂が慶喜との武力対決（討幕）

を許さなかったからだ。土佐藩は薩摩藩と手を切って別の道を歩むしかなく、薩土盟約は解消される。

以後、薩摩藩は長州藩のほか広島藩も加えたうえで、慶喜との武力対決を覚悟しながら上方出兵の準備を進める。土佐藩は薩摩藩の了解を得たうえで、慶喜に大政奉還建白書を提出した。

一方、藩内の反対運動の高まりにより上方出兵が予定通り進まなかったため、薩摩藩は岩倉の協力を得ることで、朝廷から慶喜討伐を命じる旨の宣旨を受ける。いわゆる討幕の密勅だ。

討幕の密勅により藩内の出兵反対論を抑え込もうとするが、慶喜が土佐藩の建言を受ける形で大政奉還してしまったため、朝廷は討幕の密勅の執行停止を余儀なくされる。結果的に土佐藩に出し抜かれ、煮え湯を飲まされる格好となった。

その後、薩摩藩は土佐藩を自派に引き込んだうえで王政復古のクーデターを敢行し、新政府を樹立する。慶喜を新政府から排除することに成功したが、議定に任命されて新政府入りした容堂はそんな薩摩藩の方針に批判的だった。西郷をして、土佐藩は味方なのか敵なのか分からないと言わしめたほどである。

鳥羽・伏見の戦いでも、容堂は土佐藩兵が戦闘に参加することを許さなかった。これは徳川方と薩摩藩の私戦である。徳川方と新政府の戦いではない以上、土佐藩が薩摩藩に加勢する形で慶喜と戦う必要はないとしたのだ。

しかし、薩長両藩が慶喜に勝利したことで状況は一変する。政府内で慶喜寄りの立場を取っていた土佐藩・尾張藩・福井藩は沈黙を余儀なくされる。勝てば官軍、負ければ賊軍であった。両藩にイニシアチブを奪われ、その軍門に降った形となる。

この後、土佐藩は両藩に足並みを揃えることで、政府内で影響力を保とうとするのであった。

土佐藩に向けられた薩長両藩の疑念

土佐藩は政権与党でありながら、薩摩・長州藩との駆け引きに敗れた結果、両藩を兄貴分として立て、一歩退いた形で政府を支える政治スタンスを取っていた。一方、薩長両藩は土佐藩の動きを注視しながらも、同藩への配慮を忘れなかった。

例えば、版籍奉還の上表でも土佐藩に声をかけている。当初は薩長土三藩連名で提出する予定だったが、直前に佐賀藩にも声をかけたことで、結果的に薩長土肥四藩連名での上表提出となる。

政府内では薩長両藩を立てていた土佐藩だが、藩内では大参事板垣退助主導のもと、他藩から注目される改革を精力的に進める。士族特権の廃止や士族・平民の平等化を目指して、藩庁勤務の役人を町人や農民からも採用し、士族や町人・農民の別なく戸籍を作成するなどの施策を取った。あるいは、家禄に応じて与えた禄券の売却を藩士に許可（禄券法の採用）することで、武士身分解体への道筋を引く。

四民平等のスローガンのもと、廃藩置県後の政府が断行する政策を先取りしたわけだが、並行して大規模な兵制改革も進めており、軍事力の強化にも余念がなかった。御親兵として献納した騎兵部隊の創設もその一つだ。歩兵・砲兵に加え、騎兵部隊まで揃えて政府に献納したのは土佐藩だけであり、その点、薩長両藩に先んじていた。

土佐藩による一連の藩政改革は、ライバル視する両藩の後塵を拝していたことへの不満が動機だったのは間違いないだろう。両藩への強い対抗意識から藩政改革を断行し、政府内でイニシアチブを握る日を窺ったのである。政府内で薩長両藩が幕末以来の暗闘を繰り返すのを横目で見ながら、四国十三藩を集めた四国会議を主宰したのも、四国諸藩を糾合して来るべき時に備えた対応に他ならない。

幕末の政局で薩長両藩に後れを取った他の雄藩にしても、同じような気持ちを抱いていたのは想像するにたやすい。よって、中央集権を目指す政府の方針を先取りする建言を申し立てることで国政への参画を狙ったが、となれば隗《かい》よりはじめよではないが、建言内容を自ら実行する必要があった。

その際に模範としたのが土佐藩の藩政改革なのである。奥羽越列藩同盟に加盟して減封処分を受けた米沢藩などは、知藩事上杉茂憲と前藩主斉憲が板垣を東京の藩邸に招き、その助言を受けたほどだった。

明治四年四月十四日には、米沢藩士宮島誠一郎の周旋により、土佐・熊本・徳島・米沢・福井・彦根六藩から大参事などの重役が集まり、活発な議論が交わされる。親藩・譜代・外様の別にかかわらず、土佐藩をモデルに藩政改革を進めたい雄藩による会合だった。その後も、これらの雄藩による会合は何度も行われた。諸藩が会議する場（「議院」）の開設を政府に求めることも話し合われ、福井藩などは薩摩藩にその要望を直接伝える。要するに、議院を通じて国政に参画しようという意思の表明である。

こうして、土佐藩のもとに集結した雄藩は連携を強め、国政参加を求める政治勢力へと成長していく。いきおい、土佐藩が盟主のような立場となるが、最初からその目論見があったのかもしれない。四国諸藩のみならず、他の雄藩も糾合することで政治力の強化をはかった。

土佐藩のもとに集結した雄藩の会合には、政府トップの三条実美の家令を務める森寺邦之助も加わる。森寺を介して、会合の内容が三条の耳に入ることを狙った。三条を通じて岩倉の耳にも入ったに違いない。会合で交わされた議論の内容は参加した雄藩から薩摩藩にも伝えられ、西郷の知るところでもあった。

会合に参加した雄藩側としては、政府に疑念を持たれることへの危惧もあった。久留米藩の事例でみたように、反政府運動を陰ながら支援する藩もあったため、政府に仇なす行動を企んでいると勘ぐられてはたまらなかった。土佐藩としても薩摩・長州藩から疑われることを懸念し、会合の内容が分かるようにしたわけである。

しかし、政府を牛耳る薩摩・長州藩側からみると、土佐藩を盟主として雄藩が連携を強めていくことには心中穏やかではなかった。土佐藩による多数派工作のように映ったのではないか。

このままでは土佐藩を盟主とする雄藩連合が政治力を強め、両藩主導の政治体制に掣肘が加えられてしまう。同志であるはずの土佐藩に寝首を掻かれ、政治の主導権を奪われるかもしれない。

両藩は先手を打つことで土佐藩や雄藩の思惑を封じ込め、局面の打開を目論む。廃藩置県の布告に踏み切るのである（松尾正人『維新政権』吉川弘文館）。

（4） 廃藩即時決行というクーデター

長州藩から提起された即時廃藩

明治四年六月二十五日、西郷と木戸が参議に就任する。その後各省の人事も発令され、改革の布陣は整ったはずであった。

ところが、肝心の政治改革はデッドロックの状態に陥る。木戸が主導して同二十九日に立ち上げられた制度取調会議での審議が紛糾したことが、その原因だ。

この会議は、政府改革の基礎となる官制について審議する場であった。会議の議長に参議の西郷と木戸が就任し、大久保たち各省の高官が制度取調委員として名を連ねた。七月五日より審議が開始されたが、委員たちの政治構想はバラバラであったため議論は紛糾する。政府内が一枚岩ではない現状がまたしても露わとなり、政治空白の状況が生まれる。

政府は御親兵という改革の後ろ盾となる強大な軍事力を手に入れたものの、薩長土三藩の提携による政治改革の見通しは全く立たなくなってしまう。

この現状に危機感を強めたのが、長州藩から兵部省に出仕していた鳥尾小弥太と野村靖である。このままでは、三藩による政治改革は頓挫してしまう。二人はまだ二十代であり、兵部省では青年将校のような立場にあった。

府・県・藩でバラバラだった兵制を統一して兵部省が総轄することを、鳥尾と野村は目指していた。よって、中央集権を目指す今回の政治改革に期待したが、その目論見は外れる。


苛立った二人は、同郷の先輩にあたる兵部少輔の山県有朋のもとを訪ねた。東京に御親兵が集結しているのを好機として、政府が全国に向けて廃藩置県を命じ、強引ではあるが兵制統一を一気に実現してしまおうと主張したのである。

兵部省では諸藩の兵制を統一させることを目指していたが、藩側の抵抗もあり、その歩みは遅々たるものだった。よって、すべての藩を直ちに消滅させることで兵制の統一を実現させようと目論んだわけだが、廃藩置県を断行せよという主張は当時「書生論」とみなされていた。

つまり、現実を考えずに理想に走った議論である。言うは易く行うは難《かた》し。廃藩を命じれば、薩摩藩を筆頭に諸藩の猛反発を招いて内乱状態になるのは必至だ。誕生したばかりの政府は瓦解するだろう。

兵部省を取り仕切る山県は二人よりも一回りほど年上だったが、兵制統一が進まない現状に苛立ちを感じていたのは全く同じである。省内の青年将校の突き上げを受けた形ではあったが、山県も即時廃藩による強行突破策に賛同する。廃藩を断行すれば、兵制統一により政府の軍事力強化をはかるという年来の悲願も達成できるからだ。

山県は兄貴分にあたる長州藩代表の木戸にかけ合おうと考えるが、まずは同年代で大蔵省に出仕していた少輔井上馨の賛同を得ることを目指す。井上をして木戸を説得させようと考えたのだ。鳥尾と野村が井上のもとに向かったのは、制度取調会議がはじまった五日の夕刻である。

井上も即時廃藩の方針に賛同する。廃藩となれば、藩領からの租税徴収も可能となり財政基盤が確立できる。大蔵省による財政の統一も叶う。

六日に井上は木戸のもとを訪ね、即時廃藩を提案する。廃藩による中央集権化が持論だった木戸に反対する理由などなく、政府入りしていた長州藩士たちは廃藩でまとまる。山県の思惑通りに事は運んだ。

ちょうど、自らが提案した制度取調会議がはじまったばかりの頃だが、その先行きは不透明であった。実際、八日からはじまった審議は紛糾し、政治空白が生まれる。この段階で木戸が井上や山県の提案に賛同したことが、結果的に事態打開のきっかけとなる。

西郷が即時廃藩に同意する

しかし、長州藩のみでは即時廃藩は断行できなかった。当時の政府は薩長両藩の代表である西郷と木戸が事実上の政府首班（参議）である以上、大参事として薩摩藩の最高責任者でもあり、御親兵の半分近くを握っていた西郷の賛同が何としても必要だった。

井上から西郷を説得するよう求められた山県は、西郷のもとを訪れる。同じ七月六日のことであったが、西郷の説得は難航が予想された。

その背後には、廃藩つまり薩摩藩の消滅に拒絶姿勢を崩さない久光がいたからだ。既に述べたとおり、久光は西郷が上京するに際して廃藩の議が起きるのを予想し、これに同意してはならないと約束させていた。

ところが、山県から即時廃藩案を告げられた西郷は即座に同意する。事態は急転直下し、廃藩置県の断行は秒読みの段階に入った。

西郷が久光との約束を反故にしてまで賛同した背景には、政治空白に陥った政局に対する深刻な危機感があった。廃藩置県直後の七月二十日、藩内で権大参事として西郷を支えた桂久武に送った書状で、自身の真意を説明している。

既に西郷は、中央集権を目指す政府の方針を先取りする建言を申し立てることで国政参画を狙う雄藩の動きを把握していた。最終的には廃藩により郡県制に移行したい政府の意向を忖度したわけだが、これに焦りを隠せなかった。

すなわち、版籍奉還を申し出ることで天下に先駆けて郡県制への道を切り開いた薩長土肥四藩が、ただ手をこまねき傍観していては天下の嘲笑を受けてしまう。外国人からも、天皇をトップとする政府とは別に藩という政府が各地に割拠する現状を酷評されており、このままでは国体が確立できない。

よって、今こそ廃藩を決断して郡県制に移行すべき時なのである。廃藩となれば藩主も藩士もなくなり、島津家との主従関係は消滅する。数百年にわたり家臣として島津家から受けた恩を考えれば、廃藩は忍びない決断であるが、郡県制への流れのなか、いくら廃藩に反対しても十年はしのげない。

もはや廃藩への流れは人の力では止められない。薩摩藩は版籍奉還の魁をなしていながら、ここで廃藩に逡巡していては勤王のため幕府を倒した趣意も成り立たない。

約七百年続いた鎌倉幕府以来の武家政治という旧習から天皇親政の時代へと一挙に戻す以上、各地で異変が起きないとも限らない。よって、朝廷では廃藩に不服の者は武力をもって討伐することに決したと書き連ねている（鹿児島県維新史料編さん所編『鹿児島県史料　忠義公史料　第七巻』鹿児島県）。

大久保も即時廃藩に同意する

七月六日の時点で、政府トップの参議である西郷と木戸が即時廃藩に同意したが、もう一人の維新の三傑・大久保が事態の急転を知ったのは、同じ六日のことである。西郷が大久保のもとを訪ねてきた。

当時、大久保は大蔵卿を務めていたが、自身も委員である制度取調会議には批判的であり、最初の五日の会議に出席した後は欠席を続ける。そうしたなか、会議の議長を務める西郷から即時廃藩に賛同する意思を伝えられた。

大久保は当時の政治状況に失望していた。参議廃止などの官制改革案は木戸への配慮から撤回を余儀なくされ、力を入れていた中務省の創設も見送りとなったからである。政治への意欲を失いつつあった大久保だが、長州藩が即時廃藩でまとまり西郷も賛同したことは、政治への情熱を復活させるきっかけとなる。

大蔵省のトップに立つ以上、大久保にしても同省のもとに財政を統一させる必要性を痛感していた。廃藩に反対ではなかったが、言うは易く行うは難しというのが本音だった。諸藩、なかでも薩摩藩の猛反発を懸念し、逡巡していた。

しかし、薩摩藩の軍事力を掌握する西郷が賛同したことで腹を決める。薩摩・長州藩が政府の中心に座っている間に、先手を打って廃藩を断行しなければ、他の雄藩に抜け駆けされ政局の主導権を奪われてしまうという危機感は西郷と共有していた。これは木戸も共有するところであった。

八日は制度取調会議での議論が紛糾した日だが、この日、議長役の西郷と木戸は即時廃藩について話し合っている。西郷は大久保とも話し合いを重ね、維新の三傑の意思が統一されていく。

翌九日夕刻、木戸邸に薩摩藩側から西郷・大久保・西郷従道・大山巖、長州藩側からは木戸・井上・山県が集まり、即時廃藩の手順などについて密談を重ねた。廃藩に不服の諸藩には断固たる処置を取ることも確認された。武力発動も辞さない。

諸藩の抵抗を受けて廃藩が失敗した時は、今回の計画を企てた者たちが全員辞表を提出することも申し合わせたようだ。首謀者である西郷・大久保・木戸たちが下野し、井上や山県たちもこれに続くと約したのである。

十日、西郷・大久保・木戸の三者会談で廃藩置県の詔書を布告する日が十四日に決まる。議長でありながら木戸が制度取調会議を欠席するようになったのは、廃藩の計画が密かに進行していたからだろう。

警戒された三条と岩倉と土佐藩

即時廃藩計画は西郷・大久保・木戸たちの間で密かに進められ、薩長両藩以外の政府高官には何の相談もなかった。政府内でも西郷たち数名しか知らず、薩摩・長州藩でさえ事後通告だった。まさに、クーデターである。

幕末の政局ではクーデターが二度にわたって実行され、その後の政局の流れを決める。一度目は文久三年八月十八日の政変であり、薩摩・会津藩の兵士が御所の警固を固め、長州藩を京都から追放した。二度目は慶応三年十二月九日の王政復古のクーデターであり、今度は薩摩藩など五藩の兵士が御所の警固を固め、会津・桑名藩を京都から追放した。

御所の警固を自派で固めたうえで断行されたことに象徴されるように、両クーデターともに天皇を掌中に収められるか否かが成否の決め手だった。廃藩置県のクーデターも天皇の詔書が出される以上、三条や岩倉の協力を得て、その裁可を得る必要があった。

三条と岩倉に即時廃藩計画を伝えたのは、詔書が出される二日前の十二日のことである。事態が急変したことに加え、西郷たちの間で最終的に話がまとまってから伝えたため直前になったのかもしれないが、何といっても三条や岩倉が難色を示すことを危惧したのだろう。あえて直前に伝えることで、有無を言わせず協力させようという強い意志が窺える。その裏付けとなったのが御親兵という強大な軍事力だった。

西郷たちは薩長両藩のみで廃藩計画を立案したが、そこには他の雄藩による国政参画の動きを封じ込め、引き続き両藩が政治の主導権を握りたいとの意図が秘められていた。だが、三条や岩倉が西郷たちの意図に反する政治構想を持っていたため、両人には直前の段階になってから廃藩を断行したいと伝えたのである。

既に述べたように、岩倉は薩長両藩以外の雄藩も国政に参画させることで、政府の権力基盤を強化しようと考えていた。頼みの薩摩・長州両藩が事あるごとに衝突を繰り返したことへの不安がその動機だった。今回の官制改革をめぐっても、大久保と木戸の間で意見が対立した。

雄藩側も岩倉の期待に応える形で、中央集権（郡県制）を目指す政府の方針を先取りする建議を個別に行い、国政参画を目指す。そして、土佐藩を盟主とする雄藩の会合も開催されるようになった。土佐藩のもとに集結した雄藩は連携を強め、国政参加を求める一大政治勢力へと成長する。

四年四月、一連の雄藩の動きを好機とみた岩倉は「大藩同心意見書」を作成して三条に提出した。政府の方針を先取りする政治勢力をバックに権力基盤を強化し、改革を断行する意思を明確にしたが、三条もこれに賛同する。

七月四日には、薩摩・長州・土佐・尾張・福井五藩の知藩事などに対し、国事諮詢のため毎月三回、皇居に出仕するよう命じた。三条そして岩倉は、この五藩以外の雄藩にも国事を諮詢する構想を温めていた。

両人は薩長両藩以外の雄藩も国政に参画させようとしていたが、政局の主導権を握り続けたい西郷たちにとっては好ましいものではなかった。よって、直前に廃藩断行の意思を伝えることで、その構想を葬ってしまったのである。

なお、岩倉については三条を通じて天皇の裁可を得た後に廃藩断行の方針を伝えるという意見もみられた。それだけ、薩長両藩以外の雄藩を国政に参画させることに熱心だった岩倉の反発を懸念したのだが、結局は両人に同時に伝えている。三条も岩倉も西郷たちの突然の決意表明に狼狽を隠せなかったが、同意するしかなかった。御親兵がモノを言ったのだ。

直前とはいえ、三条と岩倉は事前に西郷たちから打ち明けられたが、両人以外の政府首脳は全く寝耳の水のことであった。薩摩・長州藩でさえ事後通告だったが、そうした事情は政権与党として政府を支えた土佐・佐賀藩についても同じだ。特に、政府改革で薩長両藩と提携していた土佐藩などは寝首を掻かれたような気持ちだったはずだが、それだけ土佐藩の動向は危険視されていたのである。

廃藩置県の布告

廃藩置県布告の七月十四日がやってきた。

前日、朝廷から急な呼び出しを受け、薩摩藩知事島津忠義・長州藩知事毛利元徳・土佐藩知事山内豊範代理板垣退助・佐賀藩知事鍋島直大の四名は礼服を着用して参内した。

午前十時、出御した天皇は四名に対し、三条をして廃藩置県をする旨の勅語を伝える。版籍奉還を行った四藩を褒賞したうえで、廃藩置県の勅意を汲んで力を合わせて自分を助けよと命じた。

薩長両藩で廃藩置県のクーデターを敢行したものの、今後も薩長土肥四藩が政権与党であることを天皇が期待するという意思の表明であった。土佐・佐賀藩抜きのクーデターとなったことに配慮したわけだが、薩長両藩から提携を求められながら最後は外された土佐藩は当然ながら釈然とせず、藩内に不満が渦巻くことになる。

続けて、尾張藩知事徳川慶勝・熊本藩知事細川護久・鳥取藩知事池田慶徳・徳島藩知事蜂須賀茂韶が召し出された。いずれも郡県制を目指す政府の方針を先取りする建議を行ってきた雄藩だが、天皇はその志を勅語をもって褒賞している。三条や岩倉が国政参画を期待した雄藩でもあり、一連の建議が即時廃藩の呼び水となったことから、その労をねぎらったのである。

そして午後二時、先に呼び出された島津忠義たちに加えて在京中の知藩事五十六名が皇居大広間に集められ、天皇から廃藩置県の詔書が下った。知藩事は一斉に罷免され、東京への転居が命じられる。翌十五日には、当時知藩事が在国中だった諸藩の大参事なども呼び出し、廃藩置県の詔書を下した。

これにより全国は三府三百二県、その後の統廃合により三府七十二県に編制された。名実ともに全国の土地と人民が政府の支配下に入り、中央集権国家が樹立された。封建制から郡県制に移行したのである。

廃藩置県の詔書が下った翌日にあたる七月十五日、政府首脳は廃藩後の処置について討議を開始したが、議論百出の状態となる。数名の政府首脳により密かに進められたクーデターである以上、政府内が喧々囂々《けんけんごうごう》となるのは避けられなかったが、異議を唱える藩は武力鎮圧するとの西郷の一言で議論は静まった。

ただし、寝耳に水のこととはいえ、いずれ廃藩の時が来ることは政府や諸藩の間では共通認識になっていた。諸外国と対峙できる中央集権国家を樹立するには、郡県制つまり廃藩を実現しなければならなかったからだ。自ら廃藩を申し出る藩もあらわれていた。

廃藩の議に同意しないよう西郷に約束させた久光でさえ、いつかは廃藩が発令されると覚悟していたが、これほど急に事態が展開するとは予測していなかった。そのぶん、西郷への憎悪が増幅することになる。

廃藩は時間の問題だったが、政府が最も恐れたのは諸藩の反乱である。実際、廃藩が発令されたことで諸藩の動揺は避けられなかった。知藩事を罷免され東京居住が命じられた旧藩主（知藩事）をそのまま県知事に任命してほしいと請願する動きもみられたが、結果として廃藩は粛々と進行し、反乱が起きることはなかった。

その理由としては、まず版籍奉還の意義が挙げられる。政府が任免権を持つ地方長官という立場になっていた以上、罷免に異が唱えられる立場ではなかった。もちろん、薩長土三藩から献納された御親兵の軍事力も大きい。反乱を起こせば討伐される。

そして、藩の莫大な借財、士族への家禄支給は政府が肩代わりした。藩士たちの生活が引き続き保障されていたことは大きかった。

廃藩の報が鹿児島に入ったのは八月五日のことである。廃藩には賛成しないと約束した西郷が率先して廃藩を推し進めたのだから、久光の怒りは凄まじかった。

その夜、不満に耐えかねた久光は邸内で花火を打ち上げて鬱憤を晴らすが、藩内は意外と平静であった。というよりも、茫然自失の状態だった。薩摩藩の主力が御親兵として政府に取り込まれ、廃藩置県を主導した西郷の手の内にあったことは大きかったのだ。

手足をもがれた格好の久光としても、その怒りを花火に託すしかなかった。忠義は西郷とともに東京にあり、人質に取られた形でもあった。これでは、藩内が結集して政府に戦いを挑むことなど到底できない。結局、政府最大の懸念であった薩摩藩の反乱は起きず、花火で終った。

西郷たちの心配は杞憂に終わり、廃藩置県は粛々と進行していくのである（松尾正人『廃藩置県』中公新書）。

エピローグ——維新の第二幕開幕

明治政府の誕生から廃藩置県断行までの約三年半、薩長両藩を主軸とする政府は迷走を続けた。政府内での権力闘争、政情不安を背景にした反政府運動の高揚、大蔵省による収奪強化が引き起こした一揆・騒動の頻発、そして政府を支えるべき薩長両藩内の混乱が背景にあった。

ついには、薩長以外の雄藩による国政参画の動きが表面化し、政局の主導権を奪われかねない状況となるが、西郷たち維新の三傑は廃藩置県というクーデターにより危機を乗り切る。本書では、そんな薄氷を踏むような政治危機が廃藩置県まで続いていたことを明らかにした。

王政復古のクーデターで誕生した明治政府は、当初は薩摩藩など五藩の連立政権だったが、鳥羽・伏見の戦い後に長州藩が加わる。版籍奉還後は薩長両藩を基軸に土佐・佐賀藩が翼賛する薩長土肥四藩の連立政権となり、尾張・福井・広島藩はフェードアウトしてしまう。

戊辰戦争の終結により明治政府の基盤は固まったかにみえたが、仙台藩に象徴されるように反政府運動は収まらず、危機感を強めた政府は東北に再び兵を送る事態にまでなる。また、政府が開国和親の方針を表明したことに対し、これに反発する過激な尊攘派浪士たちは政府要人を暗殺し、天皇の京都還幸を目指す政府転覆計画を立てた。政府の基盤は大きく揺らぎはじめる。

政府内では幕末以来の薩摩・長州藩の対立が再燃する。版籍奉還や兵制改革で両藩の意見の相違が表面化し、そこで台風の目となったのが佐賀藩出身の大隈重信率いる大蔵省だった。長州藩代表の木戸は同省の近代化政策を強く支持したが、薩摩藩代表の大久保は批判的であり、「民蔵分離」と称された政治問題に発展する。

政府内で対立する両藩は、おのおの深刻な藩内事情を抱えていた。西郷と大久保は政府に批判的な島津久光との関係に苦しみ、木戸は脱隊騒動という内戦に苦しめられる。総じて、政府の官僚となった両藩の藩士には藩内から冷たい視線が浴びせられていた。藩の独立性を奪うことを意味する中央集権を政府が目指していた以上、それは当然のことであった。

そのため、大久保と木戸は政府と距離を置きつつあった薩長両藩を取り込むことで政府の権力基盤の強化をはかり、中央集権を進めようと目論む。薩長土三藩の兵士を御親兵として政府の直属軍に組み入れ、西郷も政府入りしたが、官制改革をめぐって薩長の対立が再燃する。さらに、薩長以外の雄藩による国政参画の動きにより、政局の主導権を奪われかねない状況に陥った。その陰では土佐藩による不穏な動きもあった。

ここに至り、西郷たち維新の三傑は薩長両藩が引き続き政局の主導権を握るため、廃藩置県というクーデターを敢行する。あたかも寝首を掻く形で、土佐藩や他の雄藩の封じ込めに成功した。この廃藩置県という政治決断により、西郷隆盛・大久保利通・木戸孝允は維新の三傑となったのである。

幕府（将軍）に続いて大名も消滅したことで、薩摩・長州両藩出身者が天皇のもとで政府を動かす政治体制（天皇親政）が生まれた。諸藩の連立政権の時代は幕を閉じ、封建制から郡県制へと完全移行したのである。

政府は廃藩置県により、日本全土の七割強の土地と人民を支配する諸大名の領主権を取り上げた。日本全土の支配が名実ともに可能となったことで、欧米に対抗できる中央集権国家の樹立に向けて大きく前進したが、その前途はまだまだ多難であった。

クーデターは成功したものの、薩長両藩出身者のみで政権を円滑に運営していくことは難しかった。藩が消滅したとはいえ、他藩出身者の反発を買うのは必至だったからだ。薩長以外の雄藩の国政参画を目指していた三条・岩倉にしても、明治四年の廃藩置県というクーデターには不満であり、他藩の反発を考えると不安でもあった。とりわけ、政治改革のための提携を求められながら廃藩置県の密議から外された土佐藩の反発は強かった。

西郷たちも、それは想定内のことだった。廃藩置県直前の十日、西郷と木戸に加えて、土佐藩から板垣、佐賀藩から大隈を参議に加えることを内定する。廃藩置県は薩長二藩で決めたものの、薩長土肥四藩による政権運営は継続されると表明したのだ。各省の長官と次官も四藩出身者がほぼ独占し、土佐・佐賀藩の政権与党としての立場は変わらなかった。薩長による専制政治と批判されるのを避ける意図もあった。

しかし、薩長土肥四藩の枠組みは維持されたものの、岩倉使節団の外遊に伴い岩倉・大久保・木戸が国内を留守にしたことで、各省間の権力闘争が再燃する。そこで台風の目となったのが、またしても大蔵省だった。

政局は再び混迷し、政治空白が生まれる。岩倉使節団の帰国後には、征韓論政変の名称で知られる明治六年の政変が起きる。下野した西郷派からみると、大久保・木戸たちによるクーデターであった。

三府七十二県への統合が完了した後、知藩事に代わって新たに府知事や県令が任命される。大半の府県では他藩出身者が府知事・県令に任命された。旧藩勢力を排除して中央集権国家の実を挙げるにはそのほうが望ましかったからである。

幹部職員にも他県出身者を送り込み、旧藩の影響力を削ごうとはかるが、鹿児島県のほか高知・佐賀・熊本・鳥取・岡山・福井県など一部の県では、旧藩出身者が県令や参事に任命される。明治政府を支えてきた諸藩に配慮した格好だが、鹿児島県に象徴されるように、それは後に仇となる。政府の指令に容易に従おうとはしなかったため、木戸をして鹿児島県はあたかも独立国の様相を呈していると言わしめたほどだ。

明治維新の目的とは天皇をトップとする中央集権国家の樹立であった。だが、単に廃藩置県を布告しただけではその目的は果たせず、中央集権に反発する旧藩勢力との戦いに決着をつけることが不可欠だった。最終的には、政府が明治十年（一八七七）の西南戦争に勝利することでようやく目的が達成される。

政府の権力基盤は依然として脆弱だった。廃藩置県後も政局は混迷する。中央集権国家への道はまだ半ばだった。

廃藩置県とは、維新第二幕の幕開けに過ぎなかったのである。

本書の執筆にあたっては、日本経済新聞出版社の網野一憲氏の御世話になりました。末尾ながら、深く感謝いたします。

二〇一九年四月

安藤　優一郎

参考文献

松尾正人『維新政権』吉川弘文館、一九九五年
佐々木克『大久保利通と明治維新』吉川弘文館、一九九八年
勝田政治『廃藩置県―「明治国家」が生まれた日』講談社選書メチエ、二〇〇〇年
佐々木克『江戸が東京になった日―明治二年の東京遷都』講談社選書メチエ、二〇〇一年
一坂太郎『長州奇兵隊―勝者のなかの敗者たち』中公新書、二〇〇二年
笠原英彦『大久保利通』吉川弘文館、二〇〇五年
松尾正人『木戸孝允』吉川弘文館、二〇〇七年
竹本知行『幕末・維新の西洋兵学と近代軍制―大村益次郎とその継承者』思文閣出版、二〇一四年
奥田晴樹『維新と開化』吉川弘文館、二〇一六年
刑部芳則『三条実美―孤独の宰相とその一族』吉川弘文館、二〇一六年
栗原伸一郎『戊辰戦争と「奥羽越」列藩同盟』清文堂出版、二〇一七年
齊藤紅葉『木戸孝允と幕末・維新―急進的集権化と「開花」の時代　1833〜1877』京都大学学術出版会、二〇一八年
町田明広『薩長同盟論―幕末史の再構築』人文書院、二〇一八年

明治維新関係年表

年代	事項
慶応3年（1867）	10／14、将軍徳川慶喜、朝廷に大政を奉還する。薩摩・長州藩に討幕の密勅が下る。 12／9、薩摩藩など五藩、慶喜抜きの新政府を樹立する。総裁・議定・参与の三職体制となる。 12／13、慶喜、大坂城に入る。 12／25、薩摩藩三田屋敷、徳川方による焼き討ちに遭う。
慶応4年（1868） 明治元年	1／3、鳥羽・伏見の戦いの勃発。戊辰戦争はじまる。 1／7、朝廷、慶喜追討令を発する。 1／12、慶喜、江戸城に戻る。 1／23、大久保利通、大坂遷都の建白書を提出するも却下される。 2／11、慶喜、江戸城を出て寛永寺に入る。 2／15、東征大総督府、京都進発。 3／14、大総督府参謀西郷隆盛、江戸城総攻撃中止を決断。天皇、五箇条の御誓文を発す。 3／23、天皇、大坂親征行幸（閏4／8、京都還幸）。閏4／21、政

明治2年（1869）

体書を布告。
4／11、江戸城開城。慶喜、水戸へ向かう。
5／3、奥羽列藩同盟成立（後に奥羽越列藩同盟に発展）。
5／15、彰義隊の戦い。
5／24、徳川家、駿河70万石に封ぜられる。
7／17、江戸、東京と改称。
9／8、慶応から明治に改元。
9／20、天皇、東京に向かう。
9／22、会津藩降伏。
10／13、天皇、江戸城に入る。東京城と改め、皇居とする。
10／28、藩治職制の布告。
12／7、新政府に抗戦した諸藩に改易、減封処分を下す。
12／22、天皇、京都還幸。
1／5、参与横井小楠暗殺される。
1／20、薩長土肥四藩、版籍奉還を上表。
2／25、西郷、薩摩藩参政に就任する。
3／28、天皇、東京に再幸。
4／3、政府派遣の鎮撫軍が、海路仙台へ向かう。
4／14、仙台藩、反政府色の濃い藩士の粛清を開始。

年代	事項
	5/13、政体書改正を布告。官吏による輔相・議定・参与の公選（〜5/14）。
	5/18、箱館五稜郭に籠もる榎本武揚、降伏。戊辰戦争終わる。
	6/2、戦功があった諸藩、藩士に賞典禄が下賜される。
	6/17、諸藩の版籍奉還願受領。藩主が知藩事に任命される。
	7/8、官制改革により、輔相・議定・参与を廃止し、右大臣・大納言・参議を置く。二官六省に官庁組織が改変される。
	8/11、大蔵省と民部省が合併する。
	9/4、兵部大輔大村益次郎、浪士の襲撃を受けて重傷を負う（11/5死去）。
	12/1、長州藩の兵制改革に抗議した諸隊（脱隊）兵士が周防国宮市に集結する。
	12/26、上野吉井藩と河内狭山藩の廃藩願を受理〜廃藩願の最初。
明治3年（1870）	1/18、西郷、参政を辞職して相談役に退く。
	1/24、脱隊兵士、長州藩知事毛利元徳の居館を包囲。以後、内戦状態に入る。
	2/11、木戸孝允、元徳の居館を包囲する兵士を撃退。脱隊騒動を鎮

明治4年（1871）

圧する。

5／28、集議院で藩制原案の審議開始。

6／22、大久保たち四参議、連名で辞表を提出。

7／3、西郷、薩摩藩執務役に就任。

7／10、大蔵省と民部省に分離。

7／26、薩摩藩士横山正太郎、集議院門前で自害。

8／15、西郷、大参事に就任する。

9／10、藩制の布告。同月、薩摩藩、東京に駐屯させていた常備兵を帰国させる。

10／27、政府は薩摩・長州両藩の力を借りて政治改革を断行することを決める。

11／17、日田騒動勃発。

12／18、勅使岩倉具視一行、鹿児島に入る。

12／23、政府への協力を求める勅書を薩摩藩知事島津忠義に伝達。

1／7、勅使岩倉具視一行、山口に入る。政府への協力を求める勅書を長州藩前藩主毛利敬親に伝達。

1／9、参議広沢真臣殺害される。

1／17、西郷・大久保・木戸は高知に入り、土佐藩も薩摩・長州藩による政府改革に加わるよう求める。

年代	事項
	1／20、土佐藩知事山内豊範、申し入れを受諾。
	2／10、薩摩・長州・土佐三藩の藩兵を御親兵とすることが決まる。
	3／7、天皇の京都還幸を企てた公卿の外山光輔一党が捕縛される。
	3／10、日田に再派遣された巡察使の陸軍少将四条隆謌、久留米藩知事有馬頼咸に謹慎を命じ、権大参事の吉田博文を罷免（久留米藩難事件）。
	3／14、天皇の京都還幸を企てた公卿の愛宕通旭一党が捕縛される。
	3／16、久留米藩に匿われた長州藩の尊攘派志士大楽源太郎、久留米藩士により殺害される。
	4／14、土佐藩など雄藩が東京で会合。
	4／21、西郷率いる薩摩藩兵が東京に到着。同月、岩倉が「大藩同心意見書」を作成する。
	5／12、大久保と西郷従道が山口に赴き、木戸の上京を求める。
	6／25、西郷と木戸が参議就任。
	6／29、制度取調会議が立ち上がる。
	7／5、制度取調会議開始。兵部省の鳥尾小弥太と野村靖が大蔵少輔井上馨に即時廃藩を提起。

7／6、兵部少輔山県有朋、西郷に即時廃藩を提起して賛同を得る。
木戸も即時廃藩に賛同。

7／9、木戸邸に西郷たちが集まり、廃藩置県に合意。

7／10、廃藩置県の布告が7／14と内定。

7／12、西郷たちが右大臣三条実美と岩倉に廃藩置県の断行を申し入れる。

7／14、廃藩置県の詔書が下る。

【著者紹介】

安藤　優一郎（あんどう・ゆういちろう）

歴史家。文学博士（早稲田大学）。
1965年千葉県生まれ。早稲田大学教育学部卒業、同大学院文学研究科博士後期課程満期退学。「JR東日本・大人の休日倶楽部」など生涯学習講座の講師を務める。『河井継之助』『相続の日本史』『30の名城からよむ日本史』『30の神社からよむ日本史』『西郷どんの真実』『徳川慶喜と渋沢栄一』『勝海舟と福沢諭吉』『幕末維新　消された歴史』ほか著書多数。

明治維新　隠された真実

2019年5月24日　1版1刷

著　者　安藤　優一郎

発行者　金子　豊
発行所　日本経済新聞出版社
https://www.nikkeibook.com/
東京都千代田区大手町1-3-7　〒100-8066
電　話　(03)3270-0251(代)

印刷／製本　中央精版印刷
本文組版　マーリンクレイン
装　幀　新井大輔
ISBN978-4-532-17661-7